D1732214

Verlag V. Florentz

Fachbuchreihe für
Studium
Fortbildung
Praxis

Dipl.-Kfm. X. Florentz
6., überarbeitete Auflage
München 1978

Bilanzen

CIP-Kurztitelaufnahme der Deutschen Bibliothek

Florentz, Xaver:
Bilanzen. — 6., überarb. Aufl. — München: Florentz, 1978.
  (Fachbuchreihe für Studium, Fortbildung,
  Praxis; 9)
  ISBN 3-921491-09-6

Herausgeber: Steuerberater Dipl.-Kfm. X. Florentz, München
Gesamtherstellung: Fotodruck Frank oHG, München

Printed in Germany

Vorwort zur sechsten Auflage

Dieses Buch will nicht mit der Vielzahl der Lehrbücher in Konkurrenz treten, die zu dem weiten Thema „Bilanzen" bereits vorliegen. Vielmehr faßt es die zahlreichen gefestigten Lehrmeinungen zusammen und versteht sich als Leitfaden, der sowohl dem Studierenden als auch dem interessierten Praktiker die Zusammenhänge der Bilanz in überschaubarer und umfassender Weise vermittelt.

Die präzise Darstellungsform wird durch einprägsame Abbildungen ergänzt und ist darauf ausgerichtet, dem Leser das Stoffgebiet leicht verständlich zu machen. Kontrollfragen und Examensthemen bieten zusätzliche Lernhilfen. Auf weiterführende Literatur wird regelmäßig hingewiesen.

Wir danken unseren Lesern für die Hinweise, die zur Verbesserung und Ergänzung der vorliegenden Auflage geführt haben.

München, im Juni 1978
Verlag und Verfasser

INHALTSVERZEICHNIS

1. Begriff, Aufgaben und Arten der Bilanz

1.1 Begriff

Die Bilanz ist eine Gegenüberstellung von **Vermögen** (Aktiva) und **Kapital** (Passiva = Schulden und Eigenkapital) eines Betriebes.

Das Wort "Bilanz" ist aus dem Lateinischen hergeleitet und bedeutet eine im Gleichgewicht befindliche zweischalige Waage.
Ihr formelles Kennzeichen ist die zahlenmäßige Ausgeglichenheit der beiden Seiten.

Die **Aktivseite** der Bilanz zeigt das **Rohvermögen** (= Gesamtheit der in der Unternehmung arbeitenden Wirtschaftsgüter).
Die nicht bilanzierungsfähigen Werte (z.B. das "know how", der Wert der Organisation, der eingearbeiteten Belegschaft, der Wert neuer Erkenntnisse etc.) werden nicht erfaßt.

Anders ausgedrückt: die Aktivseite zeigt die Vermögensform (Kapitalverwendung).

Die **Passivseite** zeigt die Herkunft des Kapitals (Beteiligungs- = Eigenkapital, Darlehens- = Fremdkapital), oder — die Passivseite zeigt die Vermögensquellen (Kapitalform).
Die Differenz zwischen den Aktiva (also dem Bilanzvermögen) und den passivierten Verbindlichkeiten ergibt das **Reinvermögen**.

1.2 Aufgaben[1]

Die Aufgaben der Bilanz werden von der betriebswirtschaftlichen Theorie bestimmt, die Grundlage ist für das Handels- und Steuerrecht.

1.2.1 Allgemeine Aufgaben

Rechenschaftslegung (sie schließt eigentlich die übrigen allgemeinen Aufgaben ein), Vermittlung der Übersicht, Ergebnisfeststellung und Überwachung der Wirtschaftlichkeit.

Die Rechenschaftslegung dient **intern**[2] der Unternehmensleitung (Kontrolle und Überwachung des Betriebsprozesses, für Verbesserungen und zur Ermittlung des Betriebsergebnisses).

---

[1] Vgl. dazu: Egner, Henning, Die Brauchbarkeit der Bilanz in ihrer derzeitigen Form und Möglichkeiten ihrer Verbesserung, in: VuB Nr. 10/1973, S. 239−243

[2] Vgl. dazu: Börner, Dieter, Grundprobleme des Rechnungswesens, in: WiST, 4/73 S. 153−158

Extern[1] erhalten die Bilanzempfänger (Finanzamt, Gläubiger, Aktionäre und sonstige Öffentlichkeit) Informationsrecht.

1.2.2 Spezielle Aufgaben

Spezielle Zwecke der Bilanz sind Überwachungsfunktionen im einzelnen, Kapitalerhaltung bei Umwandlung der Werte, Vermögens- und Kapitalstrukturveränderungen im Zeitvergleich, Liquiditätskontrolle.

Die Ursachen der Aufwendungen und die Quellen des Erfolges sollen erkannt werden (hierzu ist allerdings die GuV-Rechnung erforderlich).
Die Bilanz muß also den bezifferbaren Leistungsprozeß erfassen.

1.3 Arten

Die speziellen Aufgaben der Bilanz erfordern spezielle Bilanzarten. Die Jahresbilanz dient entweder in erster Linie der **Erfolgsermittlung** oder der **Vermögensfeststellung** (je nachdem wie man ihre Posten interpretiert und bewertet).

Die Jahresbilanz wird als **ordentliche Bilanz** im Gegensatz zu den **außerordentlichen** oder **Sonderbilanzen** (z.B. bei Gründung, Sanierung, Fusion, Umwandlung etc.) bezeichnet.

Die Kriterien, nach denen Bilanzarten z.B. unterschieden werden, sind:

(1) die **Produktions- oder Umsatzrechnung** (bei GuV-Rechnung).
(Produktion (Ertrag) und Verkauf (Erlös) einer Periode decken sich meist nicht. Die GuV-Rechnung kann alle Aufwendungen, die bei der Erstellung der Betriebsleistung entstanden sind, sämtlichen Erträgen, also nicht nur den Umsatzerlösen, – gegenüberstellen.
= Produktionsrechnung. Analog Umsatzrechnung. – Näheres siehe Seite 74).

(2) der **Anlaß** (s.o., Sonderbilanzen)

(3) die **Rechtsform** (Gemeinschaftsbilanzen = bei rechtlich und wirtschaftlich unabhängigen Unternehmungen, die lediglich zu einer Interessengemeinschaft zusammengeschlossen sind, – konsolidierte Bilanzen werden von Konzernen aufgestellt, s.S. 81).

(4) der **Bilanzempfänger**

(5) die betriebswirtschaftlich-theoretische Unterscheidung nach den verschiedenen **Bilanztheorien.**

[1] Vgl. dazu: Börner, Dieter, Grundprobleme des Rechnungswesens, in: WiSt, 4/73 S. 153–158

Kontrollfragen zu Kapitel 1

1. Erklären Sie, was eine 'Bilanz' ist, indem Sie die Begriffe 'Aktiva' und 'Passiva' verwenden und skizzieren!

2. Zeigen Sie, wie die Begriffe 'Vermögen', 'Rohvermögen' und 'Reinvermögen' zusammenhängen und was sie beinhalten!

3. Nennen Sie mindestens drei Beispiele für nicht bilanzierungsfähige Werte. Erläutern Sie für jedes genannte Beispiel, weshalb es bilanzmäßig nicht erfaßt wird!

4. Welche Aufgaben hat die Bilanz?

5. ''Vom Standpunkt der Unternehmensleitung hat die Bilanz ihre Aufgabe als Instrument der Selbstinformation fast völlig verloren.'' Interpretieren Sie diese Aussage Egners und prüfen Sie die veränderte Aussage, indem Sie für 'Unternehmensleitung' die Begriffe 'Großaktionäre', 'Aktionäre' und 'Gläubiger' einsetzen!

6. Nach welchen Kriterien können Bilanzarten unterschieden werden?

2. Bilanztheorien

Aufbau und Gliederung der Bilanz werden als **formeller,** Bewertung und Inhalt der Bilanz als **materieller Aspekt** bezeichnet.

Bezüglich des Wesens der Bilanzen und der Auffassung darüber, was die Bilanz leisten soll, gibt es zahlreiche Theorien. Bilanztheorien sind meistens reine Theorien, weswegen sie in der von den Verfassern vorgelegten Form selten realisiert werden können. **Jede Bilanztheorie ist im Grunde eine Bewertungstheorie.** Die am Bilanzstichtag im Betrieb vorhandenen Mengen sind oft annähernd die gleichen. Der Unterschied liegt in den für diese Mengen anzusetzenden Werten.

Die Bilanztheorien lassen sich nach ihrem unterschiedlichen Standpunkt zur Frage des **Zwecks** der Bilanz gliedern.
Soll nur ein Zweck verfolgt werden (z.B. die Zusammenstellung der Bestände an Vermögen und Schulden am Stichtag = statische Bilanzauffassung), so handelt es sich um eine **monistische** Theorie.
Sieht die Theorie die Aufgaben der Bilanz sowohl in der Vermögens- und Kapitalfeststellung, als auch in der Gewinnermittlung (organische Bilanzauffassung), so ist sie **dualistisch.**
Jede Bilanztheorie hat eine andere Einstellung zur Kapitalerhaltung.

2.1 Kapitalerhaltungsprobleme

2.1.1 Die nominelle Kapitalerhaltung (ziffernmäßige Erhaltung)

Die Bewertung erfolgt zu Anschaffungs- oder Herstellkosten.
Geld- und Sachwertschwankungen werden nicht berücksichtigt.
Die Leistungsfähigkeit des Betriebes gilt als gewahrt, wenn das nominelle Geldkapital ziffernmäßig von Periode zu Periode konstant bleibt. Handels- und Steuerbilanz sind auf nominelle Kapitalerhaltung ausgerichtet, auch dann, wenn infolge von Preissteigerungen die Produktionsfähigkeit des Betriebes durch Einsatz der gleichen Geldsumme nicht aufrechterhalten werden kann.. Die wirkliche Leistungsfähigkeit des Betriebes wird also nur in "normalen", d.h. inflationslosen Zeiten garantiert.

2.1.2 Die reale (materielle) Kapitalerhaltung

Die Kaufkraft des Kapitals muß am Anfang und Ende einer Wirtschaftsperiode gleich sein. Der Überschuß ist der Gewinn.

2.1.3 Die substantielle Kapitalerhaltung

Sie betrachtet das gesamte Sachvermögen, das leistungsmäßig unvermindert erhalten bleiben soll. Technischer Fortschritt, Nachfrageverschiebungen etc. bedingen eine qualifizierte Substanzerhaltung. Ein konstant erhaltener investierter Geldbetrag ist kein Maßstab für die Sicherung der Leistungsfähigkeit des Betriebes. Der Betrieb muß den Marktanteil behalten, er muß die branchenübliche Tendenz in Forschung, Entwicklung und Marktstellung mitmachen. Die Fülle der immateriellen Werte muß erhalten bleiben.

2.2 Die dynamische Bilanztheorie

2.2.1 SCHMALENBACHS dynamische Bilanz

SCHMALENBACH sah die Aufgabe der Bilanz darin, daß sie eine Hilfestellung bei der GuV-Rechnung einzunehmen habe. Er will den **Periodenerfolg** ermitteln (einen relativen und vergleichbaren Erfolg), der das Kennzeichen für die Wirtschaftsleistung der Unternehmung ist.

Nach der dynamischen Auffassung ist diese Erfolgsermittlung die Hauptaufgabe der Bilanz. Der richtige Erfolg kann aber nur am Ende der Lebensdauer der Unternehmung in einer Totalrechnung als Differenz zwischen Einnahmen und Ausgaben ermittelt werden (Totalgewinn). Leistungen (Erträge) und Aufwendungen sind hierbei gleich Einnahmen und Ausgaben.

Die Erfolgsrechnung muß aber schon vor Ablauf der gesamten Lebensdauer aufgestellt werden, deshalb muß die gesamte Lebensdauer in Teilabschnitte (Perioden) zerlegt werden.

In der Bilanz sollen die Ausgaben und Leistungen aktiviert werden, die erst in späteren Perioden als Aufwand zu verrechnen sind oder zu Einnahmen führen, und auf der Passivseite sollen die Einnahmen und Aufwendungen **gespeichert** werden, die erst in späteren Jahren zu Ausgaben und Leistungen führen.

Die Aufgabe der so aufgefaßten und hergestellten Bilanz ist also, eine zutreffende GuV-Rechnung zu ermöglichen, die bei Schmalenbach im Vordergrund steht. Infolgedessen stellt SCHMALENBACH die Forderung, die Bilanzpositionen so im Werte anzusetzen, daß die Vergleichbarkeit von Jahr zu Jahr und damit die Richtigkeit der GuV-Rechnung nicht gestört wird. Neutrale Aufwendungen und Erträge sind abzusondern und nicht dem laufenden Betriebsergebnis zu belasten und gutzuschreiben.

Schwierigkeiten entstehen bei der Bewertung nicht abgeschlossener Produktionsvorgänge, schwebender Käufe und Verkäufe zum Bilanzstichtag.

Das Schema der dynamischen Bilanz läßt sich etwa folgendermaßen darstellen:

Aktiva	Passiva
1. Liquide Mittel	1. Kapital
2. Ausgabe, noch nicht Aufwand (z.B. gekaufte Maschinen mit mehrjähriger Nutzungsdauer)	2. Aufwand, noch nicht Ausgabe (zB. Lieferantenverbindlichkeiten)
3. Ausgabe, noch nicht Einnahme (z.B. gewährte Darlehen)	3. Einnahme, noch nicht Ausgabe (Darlehen)
4. Ertrag, noch nicht Aufwand (selbsterstellte Anlagen)	4. Aufwand, noch nicht Ertrag (rückständige Instandsetzung durch eigenen Betrieb)
5. Ertrag, noch nicht Einnahme (z.B. Forderungen, Fertigfabrikate)	5. Einnahme, noch nicht Ertrag (Vorauszahlungen von Kunden)

Wird diese Gliederung verkürzt, ergibt sich folgendes Bild:

1. Liquide Mittel	1. Kapital
2. Einnahmen späterer Perioden	2. Ausgaben späterer Perioden
3. Aufwand späterer Perioden	3. Erträge späterer Perioden

Aufgabe der Bilanz ist es also, die noch schwebenden Posten zwischen Aufwand- und Ertrags- und Ausgaben- und Einnahmenrechnung festzuhalten. Die Bilanz nimmt alle innerhalb einer Periode entstandenen Aufwände und Erträge auf. D.h., daß

a) alle Einnahmen und Ausgaben, die in der Rechnungsperiode zu Aufwand und Ertrag geführt haben, in der GuV-Rechnung aufgeführt werden. Sie erscheinen in der Bilanz als Veränderung der liquiden Mittel und des Kapitals.

b) alle Aufwendungen und Erträge der Periode in der GuV-Rechnung erfaßt werden, die erst zu späteren Perioden zu Einnahmen und Ausgaben führen. Sie erscheinen ebenfalls in der Bilanz.

c) die Aufwendungen und Erträge aufgeführt werden, die bereits in früheren Perioden zu Einnahmen und Ausgaben geführt haben.

Es ergibt sich folgender Zusammenhang zwischen Bilanz und GuV-Rechnung:

1. Nur in der Bilanz werden gespeichert
   a) Ausgaben und Einnahmen, die erst später zu Aufwand und Ertrag werden (Anlagenkäufe, Anzahlungen von Kunden).
   b) Ausgaben und Einnahmen, die erst später zu Einnahmen und Ausgaben werden (Wertpapiere, Darlehen).

2. In der Bilanz werden folgende Vorgänge gespeichert, die gleichzeitig die Erfolgsrechnung berühren:
   a) Aufwendungen und Erträge, die erst später zu Erträgen und Aufwendungen werden (rückständige Instandsetzungen durch eigene Werkstatt, selbsterstellte Anlagegüter).
   b) Aufwendungen und Erträge, die erst später zu Ausgaben und Einnahmen werden (Kreditoren, Debitoren).

Fassen wir zusammen, so können wir sagen, daß die "schwebenden Geschäfte" in der Bilanz aufgenommen werden (so lange, bis sie "ausgelöst" werden). Ausgaben und Einnahmen, die in der Rechnungsperiode zu Aufwand bzw. Ertrag geführt haben, werden in der GuV-Rechnung erfaßt.

Merke: "schwebende Geschäfte" ————→ Bilanz,
"ausgelöste Geschäfte" ————→ GuV

Die dynamische Bilanzauffassung wurde durch WALB, KOSIOL und SOMMERFELD weiterentwickelt.[1] [2]

2.2.2 Die eudynamische Bilanztheorie von SOMMERFELD[3]

Auch SOMMERFELD geht davon aus, daß die Bilanz die Funktion der Erfolgsermittlung zu erfüllen habe. Er unterscheidet sich jedoch von SCHMALENBACH in seinem Erfolgsbegriff. SOMMERFELD vertritt die Auffassung einer **"qualifizierten Substanzerhaltung"**. Die Gewinnermittlung soll nicht nur die nominelle Kapitalerhaltung und die Erhaltung der betrieblichen Substanz (der Sachwerte), sondern auch noch eine Erweiterung der Substanz entsprechend dem allgemeinen wirtschaftlichen Trend ermöglichen.

[1] Vgl. dazu: Wöhe, G., Einführung in die Allgemeine Betriebswirtschaftslehre 11. Auflage, Berlin/Frankfurt 1973, S. 633–638

[2] Vgl. dazu: Walb, E., Die Erfolgsrechnung privater und öffentlicher Betriebe, Berlin/Wien 1926; ders., in: Die finanzwirtschaftliche Bilanz, 3. Auflage, Wiesbaden 1966

[3] Vgl. dazu: Sommerfeld, H., Eudynamische Bilanz, in: HdB, Bd. 1, Stuttgart 1926, Sp. 1340 ff.; ders., in: Bott: Lexikon des kaufmännischen Rechnungswesens, 2. Auflage, Bd. 2, Stuttgart 1955, Sp. 980 ff.

Für SOMMERFELD bedeutet Stillstand schon Rückschritt. Er fordert eine extrem vorsichtige Bewertung. Die Vermögensgegenstände sind höchstens mit den Werten in die Bilanz einzusetzen, die sich mit Sicherheit am Bilanzstichtag realisieren lassen würden. Halbfabrikatebestände sollen nur mit dem Materialwert verbucht werden, während die (verbrauchte) Arbeit über Verbrauch (Substanzsicherungskonto) gebucht wird.

Konjunkturgewinne sollen ausgeschaltet werden, damit ein echter zu beurteilender Gewinn übrigbleibt.

Nur realisierte Gewinne werden ausgewiesen. Vorher erkennbare Verluste werden aus Gründen der Vorsicht (auch wenn sie noch nicht realisiert sind) abgebucht.

Für SOMMERFELD ist also der echte Gewinn = Nominalgewinn ./. Rücklagen für Wachstumsicherung, Substanzsicherung, Dividendenausgleich.

Die wichtigste Erkenntnis der eudynamischen Bilanzlehre liegt in der Einführung besonderer Rücklagenarten.

Merke: Eudynamische Bilanztheorie = Kombination von dynamisch und organisch.

2.2.3 Die pagatorische Bilanztheorie von KOSIOL[1]

Mit dieser Bezeichnung will KOSIOL zum Ausdruck bringen, daß alle Geschäftsvorfälle und Bilanzpositionen auf Zahlungsvorgänge zurückgeführt werden können (pagare = zahlen, − vom Zahlvorgang ausgehend).

Barzahlungen späterer und früherer Perioden sind **Verrechnungszahlungen.** Somit werden auch die leistungswirtschaftlichen Vorgänge (Aufwand und Ertrag) als Zahlungen definiert.

KOSIOL unterscheidet zwischen

(1)   Vorverrechnung ————▶ führt zu erfolgswirksamen und zu erfolgsunwirksamen Voreinnahmen und Vorausgaben.

(2)   Tilgungsrechnung

(3)   Rückverrechnung

(4)   Nachverrechnung

Alle Posten werden mit dem sog. "pagatorischen Wert" = Ausgaben, die die Güter verursacht haben, bewertet.

Abschreibung ist Verteilung der Ausgaben, − keine Bewertung.

Die Güter erscheinen in der Bilanz mit dem noch nicht verteilten Ausgabewert.

---

[1] Vgl. dazu: Kosiol, E., Bilanzreform und Einheitsbilanz, 2. Auflage, Berlin/Stuttgart 1949; ders., Pagatorische Bilanz, in: Bott, Lexikon des kaufmännischen Rechnungswesens, 2. Auflage, Band 3, Stuttgart 1956, Sp. 2085 ff.

Auch mit dieser Bilanz läßt sich eine Erfolgsrechnung aufbauen (transitorische und antizipative Abgrenzungen).

Das Zurückführen aller Geschäftsvorfälle und Bilanzpositionen auf Zahlungsvorgänge bindet KOSIOL an die Befolgung des Anschaffungswertprinzips. Die grundsätzliche Bewertung zum Anschaffungswert bedeutet die Anerkennung des Prinzips nomineller Kapitalerhaltung. In der Praxis hat die pagatorische Bilanz wenig Bedeutung, jedoch war sie für die betriebswirtschaftliche Forschung relevant.

2.3 Die organische Bilanztheorie von F. SCHMIDT[1]

SCHMIDT fordert von der Bilanz die richtige Feststellung des Erfolges und des Vermögens. "Organisch" soll ausdrücken, daß der einzelne Betrieb bei der Bilanzaufstellung in den organischen Gesamtzusammenhang der Volkswirtschaft gestellt werden muß.

Ziele: richtige Vermögensrechnung und richtige Erfolgsrechnung (dualistische Theorie).
Organische Bilanzlehre = Bewertungslehre

SCHMIDT verlangt die Bilanzierung zu **Wiederbeschaffungspreisen**, um den Wertschwankungen im Konjunkturablauf Rechnung zu tragen und die Ausschüttung von Scheingewinnen (in der Inflation) und das Entstehen von Scheinverlusten (in der Deflation) zu vermeiden (**= Eliminierung aller Geldwertänderungen**).

Auch die Höhe der Abschreibungen soll von dem Wiederbeschaffungswert am Bilanzstichtag ausgehen.

SCHMIDT: Scheingewinn = Differenz zwischen Anschaffungswert und Wiederbeschaffungswert

echter Gewinn = Differenz zwischen Verkaufswert und Wiederbeschaffungswert

Beispiel:		
Anschaffungswert	=	10
Wiederbeschaffungswert	=	12
Verkaufswert	=	15
echter Gewinn	=	3
Scheingewinn	=	2
Gesamt-Gewinn	=	5

[1] Vgl. dazu: Schmidt, F., Die organische Tageswertbilanz, 3. Auflage, 1929, unveränderter Nachdruck, Wiesbaden 1951; ders:, in: Bott, Lexikon des kaufmännischen Rechnungswesens, 2. Auflage, Band 3, Stuttgart 1956, Sp. 2044 f.

Für SCHMIDT gibt es keine stillen Werte, nur echte Bilanzwerte. Preisschwankungen werden auf einem Vermögensänderungskonto (= Vorkonto zum Kapitalkonto) aufgefangen, um durch die Aufwertung oder Abwertung von Bilanzposten keine Gewinne oder Verluste entstehen zu lassen.

Da bei der Bewertung von Nominalwertgütern (Geld, Forderungen, Verbindlichkeiten) das Tageswertprinzip nicht anwendbar ist, fordert SCHMIDT, für diese Bilanzposten das Prinzip der **Wertgleichheit** aufzustellen.

Wenn flüssige Mittel und Forderungen in gleicher Höhe und Fälligkeit wie Verbindlichkeiten vorhanden sind, dann werden sie kompensiert. Somit kann auch eine starke Geldwertänderung dem Betrieb wenig schaden. – Das ist aber eher ein Finanzierungsgrundsatz, der besagt, daß Geldwerte mit Fremdkapital und Realwerte mit Eigenkapital zu finanzieren sind.

2.4   Die statische Bilanztheorie

Statik = Lehre vom Gleichgewicht.
Die Bilanz wird als Zustandsbild (Status) erklärt.
Diese Theorie sieht in der Bilanz die Abrechnung über erhaltenes Geld. Der Verwalter des meist fremden Vermögens, der solches Geld erhalten hat, muß Rechenschaft legen, indem er alle Werte, alle Schulden und die Differenz zwischen beiden einmal in der Anfangsbilanz und dann weiterlaufend durch Fortschreibung nachweist.
Alle Vermögensteile müssen mit ihren **Anschaffungspreisen** bilanziert werden.
Abschreibungen sind **indirekt** vorzunehmen.
Auf diese Weise wird das ursprünglich investierte Kapital erkennbar. Die Gliederung der Posten muß so erfolgen, daß diese für alle Beteiligten höchsten Aussagewert erhalten. LE COUTRE entwickelte die statische Bilanz weiter zur totalen Bilanz.

2.4.1 Die totale Bilanztheorie von LE COUTRE[1]

LE COUTRE stellt die Gliederung nach Funktionen in den Vordergrund (= **Gliederungslehre**).
Er will die **Konstitution** und die **Situation** aus der Bilanz ablesen.
Die Probleme der Bewertung treten hinter der Gliederungslehre zurück.
Die Gliederung der Bilanz soll so geschehen, daß sie Einblicke für die Betriebsführung, Disposition, Verwaltung und Kontrolle gewährt.
Für diese verschiedenen Aufgaben sind getrennte Bilanzen notwendig. Die Trennung in Bilanz und GuV-Rechnung genügt also nicht.

---

[1] Vgl. dazu: Le Coutre, W., Zeitgemäße Bilanzierung, Die statische Bilanzauffassung und ihre praktische Anwendung, Berlin/Wien 1934; ders., Grundzüge der Bilanzkunde, Eine totale Bilanzlehre, Teil 1, 4. Auflage, Wolfenbüttel 1949; ders., Totale Bilanz, in: Bott, Lexikon des kaufmännischen Rechnungswesens, 2. Auflage, Band 4, Stuttgart 1957, Sp. 2555 ff.; ders., Bilanztheorien, HdB, 3. Auflage, Stuttgart 1957.

2.4.2 Die nominelle Bilanztheorie von RIEGER[1]

Bilanz = reine Geldrechnung, Abschlußrechnung (Abrechnung über das geldliche Schicksal der Unternehmung).

Differenz zwischen Einnahmen und Ausgaben = Erfolg (= allein der geldmäßige Überschuß).
Genaue Ermittlung ist nur am Ende des Unternehmens möglich, jeder Zwischenabschluß ist eine Fiktion.
Nur die Totalbilanz kann Anspruch auf Richtigkeit erheben, deshalb soll die Praxis so bewerten, wie sie es für richtig hält (= Schätzwerte, – theoretisch gesehen müßten alle Werte auf Tageswerte umgerechnet werden, das ist jedoch fast unmöglich).

RIEGER vertritt den Grundsatz der **nominalen** Kapitalerhaltung, das Problem der Geldwertschwankung interessiert nicht.

2.4.3 Die Bilanztheorie von NICKLISCH[2] (Zeitpunktbild-Bilanz)

Bilanz = Gegenüberstellung von Vermögens- und Kapitalbeständen, Bestände-einsatz und Bestandeausgang der abzurechnenden Periode müssen richtig bemessen werden, d.h. zutreffende Wertscheidung zwischen den angrenzenden Perioden.

Die Beständebilanz zeigt die Wertschöpfung zwischen den beiden Periodenpunkten.
Die Passivseite der Bilanz soll die Erhaltung der Werte kontrollieren.
Betriebliche Leistungs- und Ertragsrechnung ist wertvoller als Bilanz und GuV-Rechnung.
NICKLISCH deutet die GuV-Rechnung als "Bilanz der Periodenwerte". Die Positionen der GuV-Rechnung weisen also Bestandsmehrungen und -minderungen aus.

2.5 Die neueren Bilanztheorien

Wir lehnen uns an die ausgezeichnete Darstellung von HEINEN[3] an.

Die betriebswirtschaftliche Entscheidungs-, Organisations- und Informationstheorie sowie die große Aktienrechtsreform von 1965 belebten in jüngerer Zeit die bilanztheoretische Diskussion erneut.

---

[1] Vgl. dazu: Rieger, W., Einführung in die Privatwirtschaftslehre, Nürnberg 1928, Neuauflage Nürnberg 1959; ders., Schmalenbachs dynamische Bilanz, 2. Auflage, Suttgart/Köln 1954.

[2] Vgl. dazu: Nicklisch, H., Bilanz, HdB, 1. Band, 2. Auflage, Stuttgart 1938; ders., Die Betriebswirtschaft, 7. Auflage, Stuttgart 1932

[3] Vgl. dazu: Heinen, E., Handelsbilanzen, 8. Auflage, Wiesbaden 1976, S. 6 ff.

Die Entscheidungstheorie ermöglicht eine wesentliche Präzisierung der Bewertungsprobleme, während die Organisations- und Informationstheorie Einfluß auf die Interpretation der Bilanzzwecke haben.

In der jüngeren Fachdiskussion wird die Bilanz vornehmlich aus zwei Blickrichtungen betrachtet:
Einmal soll die Bilanz Informationen für unternehmerische Entscheidungen liefern, zum anderen bemüht sich die Forschung, im Zusammenhang mit rechtlichen Überlegungen die vielfältigen externen Bilanzfunktionen zu analysieren. Die Auffassungen hierüber gehen auseinander. Einige Autoren betonen einseitig die internen oder die externen Zwecksetzungen der Bilanz, andere stellen diese Bilanzzwecke relativ gleichwertig nebeneinander. Jedoch knüpfen die neueren Bilanztheorien fast ausnahmslos an die klassischen Bilanzauffassungen an.

2.5.1 Die Bilanzauffassung von LEHMANN[1]

LEHMANN bezeichnet seine Bilanzauffassung entsprechend dem dominierenden Bilanzzweck als **Rentabilitätsrechnungstheorie**, die eine Synthese bestimmter bilanztheoretischer Forderungen SCHMALENBACHS, SCHMIDTS und WALBS darstellt.

Wie SCHMALENBACH fordert LEHMANN das Prinzip der **Vergleichbarkeit** der Zahlenergebnisse. Von F. SCHMIDT übernimmt LEHMANN die Gedanken des **Tageswertprinzips** und der **Umsatzerfolgsrechnung**. Außerdem zieht er die Realkapitalermittlung bei Geldwertschwankungen im Sinne WALBS mit ein.[2]

---

[1] Vgl. dazu: Lehmann, M.R., Die Quintessenz der Bilanztheorie, ZfB 1955, S. 537 ff.

[2] EXKURS: WALB hat SCHMALENBACHS dynamische Bilanztheorie weiterentwickelt (Walb, Finanzwirtschaftliche Bilanz, 3. Auflage, Wiesbaden 1966). Während SCHMALENBACH den formalen Bilanzinhalt aus der Gegenüberstellung der beiden Kategorien "Ausgaben und Einnahmen" und "Aufwand und Leistungen" erklärt, deutet WALB beide Reihen um in "Zahlungsausgänge und -eingänge" sowie "Leistungsausgänge und -eingänge".

Auf den Konten der Zahlungsreihe werden alle baren und unbaren Zahlungen verbucht und auf den Konten der Leistungsreihe alle Sachgüter, Arbeits- und Dienstleistungen.

Abschluß der Zahlungsreihe: die Bilanz, die auf der Aktivseite die Summe aller Einnahmen und auf der Passivseite die Summe aller Ausgaben enthält.

Abschluß der Leistungsreihe: Gewinn- und Verlustrechnung, die auf der Sollseite alle Leistungseingänge (Aufwand) und auf der Habenseite alle Leistungsausgänge (Erträge) enthält.
Beide Abschlüsse ergeben erst durch Rückverrechnung in Höhe des periodengerechten Aufwands bzw. Ertrags den Periodengewinn.

LEHMANN untersucht zunächst den formalen "Buchhaltungsabschluß im ganzen". Er kommt zu einem erweiterten Buchhaltungsabschluß, der die beiden üblichen Rechnungen (Bilanz und GuV) durch eine dritte ergänzt.

Neben der Bilanz, die LEHMANN als Vermögens- und Kapitalnachweis betrachtet und der GuV-Rechnung, die er als Brutto-, Aufwands- und Ertragsrechnung aufgestellt sehen möchte, entwickelt er eine **kaufmännische Einnahmen- und Ausgabenrechnung.**
Ausgangsgrundlage ist für LEHMANN die Bilanz, die er mit der vorhergegangenen vergleicht und daraus **Bilanzveränderungen** ermittelt, die er als Einnahmen und Ausgaben bezeichnet.
Er ersetzt den Erfolg, der einen dieser Bilanzveränderungsposten darstellt, durch die Erträge und Aufwendungen aus der Erfolgsrechnung und gelangt somit zu der angestrebten kaufmännischen Einnahmen- und Ausgabenrechnung.

Zusammenfassend kann als **wichtigstes Ziel** der Mehrzwecktheorie von LEHMANN die Errechnung vergleichbarer Rentabilitätskennziffern, Wirtschaftlichkeitsziffern und anderer Kennziffern, die für die Beurteilung des Abschlusses von Bedeutung sind, genannt werden.
Diese **Kennziffern** sollen innerbetriebliche Zeitvergleiche sowie überbetriebliche Betriebs- und Branchenvergleiche ermöglichen. Solche Kennziffern lassen sich aber nur ermitteln, wenn in der Bilanz Vermögenstageswerte und Realkapitalgrößen stehen.

2.5.2 Die Bilanzauffassung von ENGELS[1]

In ENGELS Bilanzuntersuchung steht der **entscheidungstheoretische Aspekt** im Vordergrund. Er untersucht die Bilanz im Hinblick auf ihren Eignungsgrad für die unternehmerische Entscheidungsfindung. Für ihn ist **nicht** Hauptziel der Bilanzrechnung die Gewinnermittlung.
Die Gewinnermittlung kann nicht Zweck, sondern nur Mittel zum Zweck der Bilanz sein. Er fordert eine Zielfunktion höherer Ordnung, um zu Aussagen über die "Richtigkeit" verschiedener Bilanzierungsarten zu gelangen.

Demnach soll die Bilanz Basis einer lerntheoretischen Prognose sein ("Prognosebilanz"), um aus vergangenen Abläufen auf die Zukunft zu schließen.
Da aber die Zahlungsreihen der Vergangenheit sich nicht nur aus echten Erfolgen zusammensetzen sondern auch aus Elementen "dispositiver Willkür", sind die Zahlungsreihen nicht in die Zukunft projizierbar.
ENGELS führt die prognoseungeeigneten Zahlungsreihen in prognosegeeignete über, indem er einen sog. **Dispositionsstandard** einführt, der Ausdruck eines bestimmten dispositiven Verhaltens ist.

---

[1] Vgl. dazu: Engels, W., Betriebswirtschaftliche Bewertungslehre im Licht der Entscheidungstheorie, Köln/Opladen 1962

Er beseitigt die dispositive Willkür aus den Zahlungsreihen und ermöglicht die Vergleichbarkeit der Erfolgsziffern.
Durch die Anwendung des Dispositionsstandards wird die Zahlungsreihe in Leistungserfolgs- und Dispositionsreihe aufgespalten. Der Saldo aus beiden ergibt den Dispositionserfolg.

2.5.3 Die Bilanzauffassung von STÜTZEL[1]

STÜTZEL untersucht den Bilanzinhalt in engem Zusammenhang mit handels- und organisationsrechtlichen Überlegungen.
Primärer Zweck der Bilanz sind die im Bilanzrecht festgelegten Aufgaben.
STÜTZEL macht grundsätzlich **Beziehungen zwischen Bilanztheorie und Bilanzrecht** sichtbar.
Demnach können Rechenwerke nach Art traditioneller handelsrechtlicher Jahresabschlüsse nur bestimmte Rechnungszwecke (primäre Bilanzzwecke) ausreichend erfüllen.
Für andere Rechnungszwecke (z.b. Kreditwürdigkeitsbeurteilung und Unternehmensbewertung durch Kreditgeber und Anteilseigner)[2] sind nach STÜTZEL die traditionellen Jahresbilanzen nicht unbedingt erforderlich.

In Jahresabschlüssen sieht STÜTZEL eine bloße **Dokumentation,** sie dienen der "Bündelung von Buchführungszahlen zur Sicherung von Urkundenbeständen gegen nachträgliche Inhaltsänderung". Sie dienen damit nicht nur dem Interesse aller, die am Handelsverkehr teilnehmen, sondern zwingen zugleich den Unternehmer zur Selbstinformation über die im Rahmen seines Unternehmens abgewickelten Geschäftsvorfälle.
Dem wird die Buchführung mit ihrem systematischen Abschluß in ausgezeichneter Form gerecht.
Im Interesse des Gläubigerschutzes, so argumentiert er ferner, haben Jahresabschlüsse die wesentliche Aufgabe, diejenigen Beträge festzustellen, die höchstens an die Eigenkapitalgeber ausgeschüttet werden dürfen **(Ausschüttungssperrfunktion).**
Durch den Jahresabschluß erkennen die Unternehmungseigner darüber hinaus, was im Sinne des Steuer- und Gesellschaftsrechts als "Gewinn" oder "Verlust" oder als "Kapitalanteil" anzusehen ist.

Für diese Zwecke braucht die Bilanz nicht einmal einen "betriebswirtschaftlich richtigen" Erfolg oder das "wahre Vermögen" auszuweisen. Es genügt, wenn im Interesse der Rechtssicherheit relativ leicht zu handhabende und dementsprechend leicht nachprüfbare Bewertungs- und Bilanzierungsregeln entwickelt und für die Jahresabschlüsse als verbindlich erklärt werden.

[1] Vgl. dazu: Stützel, W., Bemerkungen zur Bilanztheorie, ZfB 1967, S. 314 ff.

[2] Vgl. dazu Seite 111

14

Folgt man STÜTZELS Auffassung, dann erübrigt sich die Frage, ob Jahresabschlüsse potentiellen oder aktuellen Gläubigern, Anteilseignern, Abnehmern
und Lieferanten hinreichende Informationen über die gegenwärtige oder zukünftige wirtschaftliche und finanzielle Lage der Unternehmung vermitteln
können, sofern Rechenverfahren existieren, die diese Informationen voll-
ständiger und eindeutiger gewähren können.[1]

2.5.4 Die Bilanzauffassung von ALBACH[2]

ALBACH entwickelt Grundgedanken einer "synthetischen Bilanz". Ziel dieser
Konzeption ist, die Abweichungen zwischen Einzelbewertung und Gesamt-
bewertung zu überbrücken. Der Gesamtwert einer Unternehmung ergibt sich
durch Diskontierung der für künftige Perioden geplanten Zahlungsüberschüsse.
Dieser Optimalplan ist charakterisiert durch einen Ausgabenbetrag für alle
Wirtschaftsgüter unmittelbar vor Beginn der Bilanzierungsperiode.
Außerdem enthält er Zahlungen aus unterscheidbaren Einzelentscheidungen,
die eine Verzinsung des Betrages mit einem internen Zinsfuß erwarten lassen.
Diesem Optimalplan entspricht eine Eröffnungsbilanz, die auf der Aktivseite
den Betrag der vergangenen Zahlungen und auf der Passivseite den Barwert der
mit dem internen Zinsfuß diskontierten zukünftigen Zahlungen enthält.

Die Jahresbilanz ist eine periodische Kontorechnung und rechnet über die in
der Periode realisierten Teile des erwarteten Gewinns ab.
Verläuft die Entwicklung planmäßig, so ist der ausgewiesene Gewinn realisiert.
Er stellt die Verzinsung des zu Beginn der Periode gebundenen Kapitals mit
dem internen Zinsfuß dar. Eine Bilanz, die der Bedingung genügt, daß die
Summe der Einzelwerte gleich dem Gesamtwert des Unternehmens laut
Optimalplan ist, bezeichnet ALBACH als "synthetische Bilanz".
Sie bringt zum Ausdruck, daß das Unternehmen als Ganzes einen einzigen
Gewinn und nicht aus verschiedenen Objekten verschiedenen Gewinne erzielt
(HEINEN).[3]

2.5.5 Die Bilanzauffassung von MOXTER [4]

Für MOXTER hat die Bilanz eine relativ geringe Leistungsfähigkeit. Ausgangs-
punkt seiner Analyse bildet das **Zielsystem der organisierten Unternehmung**.
Er untersucht, inwieweit die Handelsbilanz Informationen über den Zieler-
reichungsgrad für die an der Unternehmung beteiligten Personen liefert.

---

[1] z.B. die Cash Flow-Rechnung oder die Kapitalflußrechnung, vgl. S. 115 ff.

[2] Vgl. dazu: Albach, H., Grundgedanken einer synthetischen Bilanztheorie, ZfB 1965,
Seite 21 ff.

[3] Vgl. dazu: Heinen, E., Handelsbilanzen, 8. Auflage, Wiesbaden 1976, S. 99 ff.

[4] Vgl. dazu: Moxter, A., Die Grundsätze ordnungsmäßiger Bilanzierung und der Stand
der Bilanztheorie, ZfbF 1966, S. 28 ff.

Nach MOXTER müssen sich Bilanzierungsprinzipien ausschließlich an den finanziellen Zielvorstellungen der an der Unternehmung beteiligten Personen orientieren. Die Zweckmäßigkeit der Bilanzierungsregeln ist danach zu beurteilen, inwieweit sie den Organisationsteilnehmern Aufschluß über die zukünftigen **Zielströme** gibt. Zielströme der Geschäftsleitung sind ihre Bezüge, Zielströme der Anteilseigner setzen sich zusammen aus Ausschüttungen, Veräußerungsgegenwerten der Unternehmungsanteile und Liquidationserlösen. Der Jahresabschluß ermöglicht nach MOXTER somit nur eine unzureichende Information über diese Größen, er ist für eine **langfristige Finanzplanung** nicht geeignet; die Bilanz ist nur eine Zusammenstellung einzelbewerteter Positionen.

MOXTER schlägt an Stelle des buchhalterischen Abschlusses der Bilanz und GuV-Rechnung ein **finanzplanorientiertes Tableau** vor, in dem die Ein- und Auszahlungen nach Empfängern oder Leistenden und nach Verwendungszwecken aufzuteilen sind. Dem interessierten Personenkreis muß es möglich sein, an Hand von Informationen die Verlängerung dieser Zahlungsreihen von zurückliegenden Perioden bis zur Gegenwart durchzuführen. Diese Rechnung weist dann keinen Periodengewinn mehr aus.

2.6 Anwendung der Bilanztheorien

Die maßgebliche Auffassung ist heute, daß je nach dem Zweck, der mit der Bilanz verfolgt werden soll, man der einen oder anderen Bilanztheorie den Vorzug gegen sollte. Dabei gewinnen jedoch die neueren Bilanzauffassungen immer mehr an Bedeutung.

Die Gedanken SCHMALENBACHS sind wohl weitgehend in den heutigen Steuerbilanzen herrschend geworden, da der Fiskus den Hauptwert auf die fortlaufende richtige Gewinnangabe legt (der Großteil der mittleren und kleineren Unternehmungen fertigt nur noch eine Bilanz an, die Steuerbilanz).

Die statische Theorie ist teilweise für die vom HGB oder vom Aktienrecht vorgeschriebene Handelsbilanz maßgebend geblieben, und in Zeiten starker Preisschwankungen wird man die Aussagen der Bilanz von SCHMIDT als wichtig betrachten.

Kontrollfragen zu Kapitel 2

1. Nehmen Sie kritisch Stellung zu der Aussage "Jede Bilanztheorie ist eine Bewertungstheorie"!

2. Erläutern Sie kurz die in der Bilanz auftretenden Substanzerhaltungsprobleme!

3. Welche Aufgabe ordnete SCHMALENBACH der Bilanz zu? Zu welchen Auswirkungen führte diese Bilanzauffassung?

4. Welche Zusammenhänge zwischen Bilanz und GuV-Rechnung ergeben sich für die dynamische Bilanztheorie von SCHMALENBACH?

5. Nennen Sie die Autoren, die eine Weiterentwicklung der dynamischen Bilanz betrieben. Zeigen Sie gleichzeitig die wesentlichsten Unterschiede dieser Vertreter gegenüber SCHMALENBACH!

6. Was verstehen Sie unter 'qualifizierter Substanzerhaltung'?

7. Wie grenzt SOMMERFELD in seiner eudynamischen Bilanz den Begriff des 'echten Gewinnes' ab?

8. Analysieren Sie die Idee von KOSIOL's pagatorischer Bilanz, indem Sie etymologisch den Sinn seiner Aussage ableiten.

9. Welchen Wertansatz wählt KOSIOL für alle Bilanzposten?

10. Worin sieht SCHMIDT die Hauptaufgabe einer Bilanz? Welche Folgen hat diese Auffassung bezüglich der Wertansätze?

11. Skizzieren Sie kurz die wesentlichen Merkmale einer statischen Bilanz!

12. Vergleichen Sie die drei statischen Bilanztheorien von LE COUTRE, RIEGER und NICKLISCH!

13. Worin sehen Sie die wesentlichsten Unterschiede zwischen den 'jüngeren' und den 'älteren' Bilanztheorien? Zeigen Sie am Beispiel der STÜTZEL'schen Bilanzauffassung die veränderten Zwecksetzungen der Bilanz!

14. Wer entwickelte und vertritt die Idee der 'synthetischen Bilanz'? Erklären Sie diese Idee!

15. Welchen Stellenwert räumt MOXTER den finanziellen Zielvorstellungen der Unternehmung bezüglich allgemeiner Bilanzierungsgrundsätze ein?

16. Füllen Sie die Leerfelder der nachfolgenden Tabelle aus, wobei Ihre stichwortartigen Notizen die Aussage der jeweiligen Theoretiker im Kern treffen sollen!

BILANZTHEORIEN

	dynamische				organische	
	Schmalen-bach	Sommer-feld	Kosiol	Walb	F. Schmidt	
Bezeichnung						
Zweck der Bilanz						
gewählter Wertansatz						
Vorzüge						
Nachteile						

statische			neuere				
Le Coutre	Rieger	Nicklisch	Lehmann	Engels	Stützel	Albach	Moxter

3. Bilanzierungsgrundsätze

Der Zweck der Jahresbilanz liegt in

a) der Ermittlung des Erfolges und
b) in der Feststellung der vermögensrechtlichen Lage.

Die Bewertungsvorschriften des AktG[1] werden von Unternehmungen aller Rechtsformen befolgt. § 149 AktG besagt, daß die Bilanz nach den Grundsätzen getreuer Rechnungsführung erstellt werden und allen interessierten Beteiligten Aufschluß über die wirtschaftliche Lage der AG geben soll. Die Bilanz muß vollständig sein. Auf den rechtlichen Eigentums- und Besitzbegriff kommt es nicht primär an, sondern auf den wirtschaftlichen Begriff. Unter "Eigentumsvorbehalt gelieferte Güter" werden aktiviert und die Restschuld als Verbindlichkeit passiviert.

3.1 Grundsatz ordnungsmäßiger Buchführung (GoB) [2]

Die Buchhaltung ist die Grundlage der Bilanz. Deshalb gelten die Grundsätze ordnungsmäßiger Buchführung auch für die Bilanzierung. In den §§ 38 bis 44 HGB sind die handelsrechtlichen Buchführungsvorschriften niedergelegt. Allerdings ist weder im Handels- noch im Steuerrecht der Begriff Ordnungsmäßigkeit der Buchführung klar und eindeutig festgelegt. Die GoB können induktiv oder deduktiv ermittelt werden.

Eine ordnungsmäßige Buchführung ist dann gegeben, wenn der Kaufmann in jedem Augenblick, sei es während oder am Ende eines Geschäftsjahres in der Lage ist, sein Vermögen und seinen Erfolg darzustellen. Dies ist nur auf Grund restloser Erfassung aller geldmäßig registrierbaren Geschäftsvorfälle und laufender Verbuchung dieser Vorgänge in einer äußerlich sauberen und übersichtlichen, in einer materiell richtigen und wahren Form möglich.

Formelle Ordnungsmäßigkeit setzt voraus:

(1) die Führung bestimmter Bücher (im HGB werden gebundene Bücher verlangt; inzwischen jedoch Karteien, Lochkarten- und Magnetbandbuchführung).

(2) die formelle und sachliche Richtigkeit der Eintragungen,

(3) den Nachweis der Buchungen durch lückenlose Belege,

(4) fortlaufende Aufzeichnungen in zeitlicher Reihenfolge.

---

[1] Wir empfehlen, daß Sie die im folgenden erwähnten Paragraphen des AktG bzw. HGB gründlich durchlesen und einprägen (evtl. im Gesetzestext anstreichen!).

[2] Vgl. dazu: WP-Handbuch 1978, Düsseldorf 1978, S. 566 ff. und 742 ff. (insbesondere zur Frage der Ermittlung der GoB).

Sachliche (materielle) Ordnungsmäßigkeit:

(1) alle geldlich erfaßbaren Vorgänge müssen in laufender und zeitlicher Reihenfolge festgehalten werden

(2) die Vollständigkeit und Richtigkeit der Buchungen muß durch Belege nachgewiesen werden

(3) es muß eine ordnungsmäßige Bestandsaufnahme vorliegen

(4) den handelsrechtlichen und steuerrechtlichen Vorschriften über die Bewertung muß entsprochen sein.

3.2 Grundsatz der Bilanzklarheit

Der Grundsatz der Bilanzklarheit verlangt eine klare und übersichtliche Darstellung des äußerlichen Bilanzbildes. (Äußeres Bild der Bilanz, § 151 AktG).

Die Gliederungsvorschrift im § 151 AktG ist nur bindend für die AG. Andere Gliederungsschemata gibt es für den Handels-, Verkehrs- und den Bankbetrieb, die allerdings gleichwertig sein müssen. Das **Bruttoprinzip** ist Bedingung, d.h. Saldierungen von Aktiv- und Passivposten sind nicht erlaubt (Forderungen und Verbindlichkeiten bei demselben Kunden sind nur in besonderen Fällen des BGB aufrechenbar).

Auch die GuV-Rechnung muß dem Erfordernis der Klarheit und Übersichtlichkeit entsprechen, deshalb gilt auch hier das Bruttoprinzip (Aufwands- und Ertragsposten dürfen nicht saldiert werden).

3.3 Grundsatz der Bilanzwahrheit

Dieses Prinzip hat keine ausdrückliche gesetzliche Festlegung gefunden, eine absolute Bilanzwahrheit gibt es nicht. Dieser Grundsatz besagt insbesondere, daß in der Bilanz nichts positiv Falsches ausgewiesen werden darf. Sämtliche Vermögensgegenstände und Schulden müssen in der Bilanz aufgeführt werden. Es setzt eine getreue und gewissenhafte Rechenschaftslegung voraus, die gesetzlichen Bewertungsvorschriften müssen eingehalten worden sein.

Abgesehen von der Tatsache, daß absolut wahre Bilanzansätze nicht möglich sind, läßt selbst das Steuerrecht durch § 6 Abs. 1 EStG ein offensichtliches Abweichen von wahren Bilanzansätzen zu, da es bei abnutzbaren Wirtschaftsgütern des Anlagevermögens bei gesunkenem Teilwert die Fortführung der Anschaffungs- oder Herstellkosten erlaubt.

Dem Grundsatz der Bilanzwahrheit widerspricht die Bilanzfälschung (= Bilanzdelikt) [1].

[1] Vgl. dazu Punkt 3.6., Seite 24

3.4 Grundsatz der Bilanzidentität und Bilanzkontinuität

(1) **Bilanzidentität** = Gleichheit zweier Bilanzen in einem bestimmten Zeitpunkt, d.h. die Schlußbilanz und die nächste Eröffnungsbilanz müssen übereinstimmen (Bilanz am 31.12. = Bilanz am 1.1.).

Zwischen beiden Bilanzen kann kein Geschäftsvorfall liegen. Eine formelle Durchbrechung der Bilanzidentität ist nur in ganz bestimmten Grenzen möglich (z.B. Kontenhinzufügung).

Materielle Durchbrechung der Bilanzidentität (Fehlerkorrektur = Nachtragsschlußbuchung).

(2) **Bilanzkontinuität** = Verbindung zweier Bilanzen im Zeitraum. Sie kann folgendermaßen unterteilt werden:

Abb. 1

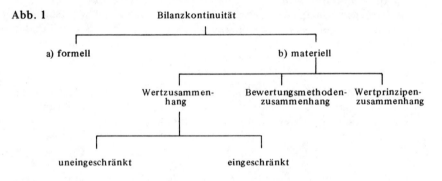

zu a) Die formelle Bilanzkontinuität fordert eine Beibehaltung der Bilanzgliederung (gleiche Bezeichnung der Posten = Postenkontinuität, gleiche inhaltliche Abgrenzung).
Wird z.B. in einem Jahr über die Mindestgliederungsvorschrift des § 151 AktG hinausgegangen, so darf im nächsten Jahr diese nicht wieder eingeschränkt werden (etwa durch Zusammenfassung von Posten).

zu b) Die materielle Bilanzkontinuität unterscheidet man in
(1) **Wertzusammenhang:** Beibehaltung des gleichen Wertansatzes (= Wertfortführung, bei der Bewertung eines Wirtschaftsgutes ist von dem Wert der letzten Bilanz auszugehen).

22

Dieser Grundsatz gilt **uneingeschränkt** für das Steuerrecht, – der neue Bilanzansatz darf nicht über den letzten hinausgehen (§ 6 Abs. 1 EStG ——►das Steuerrecht will Gewinnverlagerungen vermeiden). **Eingeschränkt** gilt der Grundsatz, als man handelsrechtlich unterhalb des Anschaffungswertes bei Preissteigerungen Aufwertungen bis zu dessen Höhe vornehmen kann.

(2) **Bewertungsmethoden-zusammenhang:**

Es darf ohne sachlichen Grund nicht von der einmal gewählten Bewertungsmethode auf eine andere übergegangen werden.

(3) **Wertprinzipien-zusammenhang:**

Beibehaltung der gleichen Bewertungsgrundsätze; die Bewertungskategorie darf z.B. in Verlustjahren nicht ohne weiteres geändert werden.

Wie Bilanzidentität und -kontinuität zusammenhängen, soll noch einmal das Schaubild deutlich machen:

Abb. 2

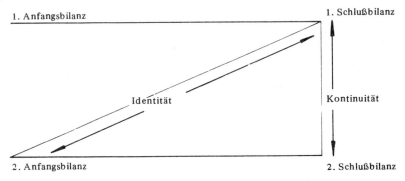

1. Anfangsbilanz   1. Schlußbilanz

Identität   Kontinuität

2. Anfangsbilanz   2. Schlußbilanz

3.5. Bilanzierungspflicht und Bilanzierungsrecht

Bilanzierungspflicht = die betreffenden Wirtschaftsgüter müssen aktiviert oder passiviert werden.

Bilanzierungsrecht = die bilanzierende Unternehmung ist berechtigt, die in Frage kommenden Wirtschaftsgüter zu aktivieren oder zu passivieren.

23

Aktivierungsfähig sind nach den Grundsätzen ordnungsmäßiger Buchführung die Wirtschaftsgüter, deren Nutzungsdauer länger als ein Jahr ist.

Aktivierungspflichtig bedeutet, daß Wirtschaftsgüter, die aktivierungsfähig sind, aktiviert werden müssen.

Hierüber gibt es aber unterschiedliche Auffassungen:

a) für aktivierungsfähige Wirtschaftsgüter besteht keine Aktivierungspflicht, weil die Aktivierungspflicht in der Handelsbilanz durch das (im neuen AktG allerdings stark eingeschränkte) Prinzip der Bewertungsfreiheit nach unten weitgehend durchbrochen ist.

oder aber

b) aktivierungsfähige Wirtschaftsgüter müssen aktiviert werden, weil das Vollständigkeitsprinzip des § 40 II HGB den Ansatz "sämtlicher Vermögensgegenstände" fordert (diese können aber dann bis auf den Erinnerungswert von DM 1,– abgeschrieben werden).

Miet- und Pachtverträge sind grundsätzlich nicht bilanzierungsfähig, ausgenommen Vorauszahlungen (Baukostenzuschüsse etc.).

Schwebende Verkäufe (Gewinne), die noch nicht realisiert sind, dürfen nicht bilanziert werden. Werden Forderungen sicherheitshalber abgetreten, so sind sie trotzdem bilanzierungspflichtig.

Passivierungspflichtig = Eigenkapital und Verbindlichkeiten.

Passivierungsfähig sind solche Positionen, die de jure noch keine Verbindlichkeiten sind, z.B. Rückstellungen.

3.6 Bilanzverschleierung und Bilanzfälschung

Bilanzverschleierung = unklare und undurchsichtige Darstellung an sich richtiger Bilanzwerte.

Dies ist z.B. durch unrichtige Bezeichnungen und Gliederungen möglich (wahre Tatsache, aber schwer durchschaubare Darstellung).

Das materielle Ergebnis der Bilanz bleibt zwar unberührt, aber trotzdem ein Verstoß gegen den Grundsatz der Bilanzklarheit.

Bilanzfälschung = Bilanzwerte werden bewußt unwahr oder irreführend dargestellt.

Z.B. bei zu hoher Bewertung von Aktiven oder zu niedriger Bewertung von Passiven oder z.B. Verbuchung von Rückstellungen unter Rücklagen, oder Weglassen von Bilanzposten.

Verstöße gegen die Gliederungs- und Bewertungsvorschriften haben in schweren Fällen die Nichtigkeit des Jahresabschlusses zur Folge, § 256 AktG. Leichtere Verstöße gegen die Bewertungsvorschriften können eine "Sonderprüfung wegen unzulässiger Unterbewertung" zur Folge haben.

24

Wird der Jahresabschluß angefochten, so erhält er zunächst volle Rechtsgültigkeit und wird erst im Falle erfolgreicher Anfechtung rückwirkend ungültig.

Nichtigkeit = Bilanz erhält überhaupt keine Rechtswirksamkeit.

Kontrollfragen zu Kapitel 3

1. Lesen Sie den § 149 AktG und führen Sie dann aus, was unter GoB zu verstehen ist, wie sie ermittelt werden und welche formellen und materiellen Auswirkungen sie auf das betriebliche Rechnungswesen haben!

2. Welche weiteren Bilanzierungsgrundsätze kennen Sie? Erläutern Sie diese knapp!

3. Warum findet das 'Bruttoprinzip' Anwendung?

4. Erläutern Sie, weshalb es keine absolute Bilanzwahrheit gibt!

5. Stellen Sie den Grundsatz der Bilanzkontinuität ausführlich dar. Verwenden Sie dazu die Abb. 1 auf Seite 22!

6. Diskutieren Sie den Zusammenhang zwischen Bilanzierungspflicht und den Bilanzierungswahlrechten! Stellen Sie in diesem Zusammenhang fest, welche Vermögensgegenstände/Wirtschaftsgüter aktivierungsfähig oder aktivierungspflichtig sind!

4. Wertbegriffe in der Bilanz

4.1 Allgemeines und Auswirkungen des Aktiengesetzes von 1965

Generell gilt für die Bilanz der Grundsatz der **Einzelbewertung**. Die **Sammelbewertung** ist nur ein Hilfsmittel, und zwar dann, wenn Einzelbewertung zu umständlich wäre.

Die Werte der Bilanz sind abhängig von der Bilanzart. Die Handelsbilanz weicht von der Steuerbilanz ab. Der Grund dafür liegt in den verschiedenen Zwecken, denen die handelsrechtlichen Bilanzvorschriften und die steuerrechtlichen Gewinnermittlungsbestimmungen dienen.

Aus betriebswirtschaftlicher Sicht ist es Aufgabe der Bilanz, den Erfolg zu errechnen (der objektive Erfolg ist jedoch nicht genau meßbar) und die Substanz tatsächlich zu erhalten.

Das **Prinzip der Vorsicht** ist der oberste Grundsatz der Bewertung (Aspekt: Schutz für die Gläubiger). Wird der Gewinn zu hoch ausgewiesen, wird er höher besteuert und vermindert durch Ausschüttung die betriebliche Substanz.

Die Bewertungsvorschriften des § 133 AktG 1937 waren **Höchstwertvorschriften**.
Bisher bildeten die Anschaffungs- oder Herstellkosten, gegebenenfalls gemindert um angemessene Abschreibungen, die obere Grenze für die Bewertung des Anlagevermögens.
Für das Umlaufvermögen galt und gilt das **Niederstwertprinzip**, d.h. daß höchstens die Anschaffungs- oder Herstellkosten oder der niedrigere Marktwert angesetzt werden muß.
Für die Steuerbilanz enthält das EStG Mindestwertvorschriften, damit die Gewinne nicht zu niedrig ausgewiesen werden können.

Im neuen AktG hat der Gesetzgeber das Bewertungsrecht bei der Rechnungslegung in den §§ 153–156 AktG neu geordnet.
Das Ziel war:
  a) die Rechnungslegung zu verbessern,
  b) die bisherigen Freiheiten für die Bewertung wesentlich einzuengen,
  c) der Bildung und Auflösung von stillen Reserven feste Grenzen zu setzen.
Damit soll die tatsächliche Ertrags- und Vermögenslage der Unternehmung offenkundiger gezeigt werden und die bisherige Möglichkeit der entscheidenden Beeinflussung des Gewinnausweises eingeschränkt werden.
Das neue Aktiengesetz verbietet nicht nur Überbewertungen, sondern in der Regel auch Unterbewertungen.
Es schreibt jetzt ausdrücklich vor, mit welchem Wert die einzelnen Vermögensgegenstände anzusetzen sind (Aspekt: Aktionärsschutz).

Die Wahl der Bewertungsmethode ist aber nach wie vor der Gesellschaft überlassen.

§ 160 Abs. 2 AktG schreibt vor (und das ist neu und von einschneidender Bedeutung):

a) im Geschäftsbericht muß über die Bewertungs- und Abschreibungsmethoden berichtet werden,

b) jede Änderung der Bewertungs- und Abschreibungsmethoden muß erörtert werden,

c) die betragsmäßigen Auswirkungen solcher Änderungen müssen genannt werden, wenn sie von Bedeutung sind.

Soweit beim Inkrafttreten des neuen AktG (1.1.1966) Vermögensgegenstände des Anlagevermögens niedriger bewertet sind, als künftig zulässig ist, braucht das Unternehmen keine Änderung des Wertansatzes vorzunehmen. Vorhandene stille Reserven müssen also nicht aufgelöst werden (§ 14 Einführungsgesetz).

4.2 Der Wertansatz nach dem HGB und dem Aktiengesetz

Der Wertansatz der Bilanzposten ist für die Richtigkeit der Bilanz von ausschlaggebender Bedeutung, denn alle Bilanzbeträge sind Wertänderungen unterworfen (Anlagevermögen nutzt sich ab, Umlaufvermögen steigt oder fällt im Preis).

Für den Wertansatz gelten handels- und steuerrechtliche Vorschriften. Die Steuerbilanz ist eine von der Handelsbilanz abgeleitete Bilanz, die die in der entsprechenden Handelsbilanz (HB) erscheinenden Ansätze übernehmen muß, vorausgesetzt, daß dem keine steuerrechtlichen Vorschriften entgegenstehen.

Abb. 3 zeigt, welche Werte der HB zur Verfügung stehen:

Abb. 3

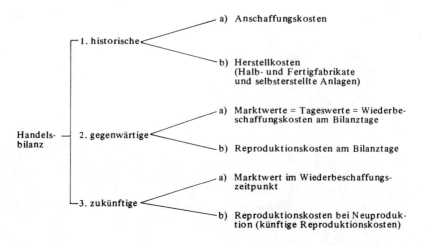

Für 3. kommt der Zeitpunkt in Betracht, an dem die Anlage wieder angeschafft werden soll. Die zukünftigen Werte werden aufgrund des Prinzips
der Vorsicht gebraucht.

Die handelsrechtlichen Bewertungsvorschriften sind im § 40 HGB und in den
§§ 153–156 AktG (früher § 133 AktG 1937) niedergelegt. § 40 HGB ist mehr
allgemein gehalten und gilt für Kaufleute schlechthin.
Das AktG stellt eine Interpretation des recht unklaren § 40 HGB dar und
gilt zwingend zwar nur für die AG, wird aber auch von den meisten Betrieben
mit anderer Rechtsform angewandt.
§ 40 HGB kennt nur den Wert am Tage der Bilanzaufstellung, den sog. Tages-
oder **Zeitwert** und fordert die Bilanzierung sämtlicher Vermögensgegenstände
und Schulden. Trotzdem gewährt das Handelsrecht grundsätzlich Bewertungsfreiheit nach unten, d.h. die Aktiven können unterbewertet werden.
§ 40 HGB nennt keine unterschiedlichen Wertansätze für das Anlage- und
Umlaufvermögen.
Die zukünftigen Werte haben für die Handelsbilanz größere Bedeutung als für
die Steuerbilanz (StB).
In der HB muß die Vermutung berücksichtigt, in der StB muß sie nachgewiesen werden.
Deshalb hat das Steuerrecht einen weiteren Wert geschafffen, den sog. **Teilwert**[1]

Für die StB gelten also folgende Werte:

Abb. 4

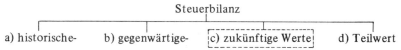

Steuerbilanz

a) historische-   b) gegenwärtige-   c) zukünftige Werte   d) Teilwert

Realisationsprinzip: Gewinne dürfen erst dann ausgewiesen werden, wenn
                     sie durch Umsätze realisiert worden sind.

Niederstwertprinzip: Von zwei möglichen Wertansätzen – dem Tageswert
                     (Marktwert) und dem Anschaffungswert (bzw. den
                     Herstellkosten) ist jeweils der niedrigere anzusetzen.

Daraus folgt, daß unrealisierte Gewinne nicht ausgewiesen werden, unrealisierte Verluste aber in voller Höhe in Ansatz gebracht werden müssen. Treten also
Wertänderungen durch Preisrückgänge auf, werden sie in der Bilanz berücksichtigt, dagegen werden Wertänderungen, die Preissteigerungen bewirkten,
nicht ausgewiesen.

Weil dieses Prinzip an sich "inkonsequent" ist (ungleiche Behandlung von
Gewinnen und Verlusten) wird es auch **Imparitätsprinzip** benannt. Vom Standpunkt der Vorsicht und des Gläubigerschutzes ist es aber durchaus konsequent,

[1] Vgl. dazu Punkt 4.5., Seite 33

nicht realisierte Gewinne zu vernachlässigen, hingegen aber nicht realisierte Verluste zu berücksichtigen. Entsprechend dem Niederstwertprinzip gilt das Höchstwertprinzip für die Bewertung von Verbindlichkeiten auf der Passivseite der Bilanz.

4.3 Anschaffungskosten (AK)

Das Aktiengesetz spricht in § 153 von Anschaffungskosten und nicht von Anschaffungspreisen. Damit ist gesagt, daß nicht nur der Anschaffungspreis sondern auch die Anschaffungsnebenkosten zu berücksichtigen sind. Der Begriff müßte jedoch richtig "Anschaffungsaufwand" heißen, da der Kostenbegriff in der Bilanzsprache nicht vorkommt.

> Anschaffungskosten i.e.S.
> + Nebenkosten bis zur Betriebsbereitschaft
> _____
> = Anschaffungskosten i.w.S.

Als Nebenkosten gelten z.B. Transport-, Versicherungs-, Monatagekosten.

Die Anschaffungskosten umfassen also alle Aufwendungen in Geld, die unmittelbar für den Erwerb eines Wirtschaftsgutes zu machen sind, allerdings nur die tatsächlichen Aufwendungen, um ein Wirtschaftsgut in den am Bilanzstichtag bestehenden Zustand zu versetzen. Bei Rohstoffen gehören die Lagerkosten nicht zu den Anschaffungskosten, sie sind innerbetriebliche Kosten. Anschaffungskosten sind arbeitstechnisch durch die Addition der Nebenbelege gut definierbar. Skonti und Rabatte sind bei den AK außer Ansatz zu lassen.

Die Nebenkosten sind handelsrechtlich aktivierungsfähig, steuerrechtlich sind sie aktivierungspflichtig.

4.4 Herstellkosten (HK)

Obwohl die Anschaffungskosten und Herstellkosten sowohl handels- als auch steuerrechtlich völlig gleich behandelt werden, besteht doch begrifflich zwischen beiden Bewertungsfaktoren ein wesentlicher Unterschied:
Bei den Anschaffungskosten fließen diese Dritten zu, während es sich bei den HK um die Umformung von Werten innerhalb eines Unternehmens handelt.
Es gibt jedoch zahlreiche Mischformen; dann z.B., wenn Wirtschaftsgüter angeschafft, aber im eigenen Unternehmen bis zur erwünschten Betriebsbereitschaft noch verändert werden.

Da sich die HK aus einer Vielzahl von Kostenarten zusammensetzen, sind sie wesentlich schwieriger als die AK zu ermitteln.
Eine Definition der HK gibt es im Aktiengesetz nicht.

§ 153 Abs. 2 AktG führt lediglich aus, daß bei der Berechnung der HK in angemessenem Umfang Abnutzungen und sonstige Wertminderungen sowie angemessene Teile der Betriebs- und Verwaltungskosten eingerechnet werden dürfen.
Vertriebskosten gelten nach § 153 AktG nicht als Verwaltungskosten.

Im EStG wird der Begriff der HK ebenfalls nicht bestimmt, allerdings wird er in den EStG-Kommentierungen genau definiert (Einkommensteuerrichtlinien binden den Beamten, sind aber nicht Gesetz; in den ESt-Richtlinien sind viele Einengungen des EStG enthalten, meist profiskalisch).

a) **Herstellkosten im betriebswirtschaftlichen Sinne:**

In der BWL bezeichnet man als HK die Summe der Einzelkosten und Fertigungsgemeinkosten. Die Selbstkosten im betriebswirtschaftlichen Sinne sind die Summe aus HK, Verwaltungskosten und Vertriebskosten. Für selbsterstellte Anlagen fallen die Vertriebskosten weg.

	Fertigungsmaterial
+	Materialgemeinkosten
+	Fertigungslohn
+	Fertigungsgemeinkosten
+	Sonderkosten der Fertigung
=	Herstellkosten
+	Verwaltungs-Gemeinkosten
(+	Sonderkosten des Vertriebs)
=	Selbstkosten

b) **Herstellkosten im handelsrechtlichen Sinne:**

Hier dürfen angemessene Teile der Verwaltungskosten, aber nicht die Vertriebskosten eingeschlossen werden, die auf den Zeitraum der Herstellung entfallen, da dies über den Begriff der HK im betriebswirtschaftlichen Sinne hinausgeht.

Eine Aktivierungspflicht für die Gemeinkosten besteht nicht. Es genügt, wenn die Einzelkosten aktiviert werden. Durch diese Bestimmung kann der Betrieb den Jahresgewinn beeinflussen. Bezieht er die anteiligen Gemeinkosten in die HK ein, so ergibt sich eine Werterhöhung des Vermögens, was zu einer relativen Gewinnerhöhung führt. In den folgenden Geschäftsjahren kann das Unternehmen dann höher abschreiben. Aktiviert der Betrieb die anteiligen GK nicht, so erscheinen sie als Aufwand in der Erfolgsrechnung. Die bewerteten Bestände sind damit unterbewertet, d.h. der ausgewiesene Gewinn ist durch die Bildung stiller Reserven vermindert.

Wir erwähnten bereits, daß nach dem neuen AktG (§ 160 AktG) die Unternehmung Abweichungen vom letzten Jahresabschluß, die die Vergleichbarkeit erschweren, besonders wesentliche **Änderungen** der Bewertungs- und Abschreibungsmethoden, im Geschäftsbericht erklären muß. Dazu gehören insbesondere Angaben über die bisherige Bewertungsmethode und die Gründe des Wechsels. Wenn infolge von Änderungen der Bewertungs- und Abschreibungsmethoden der Jahresüberschuß oder Jahresfehlbetrag um mehr als 10% von dem Betrag abweicht, der ohne Änderung auszuweisen wäre, so muß dieser Unterschiedsbetrag angegeben werden, wenn er 0,5 % des Grundkapitals übersteigt (§ 160 Abs. 2 letzter Satz AktG).

Dadurch ist die "geheime" Bildung oder Auflösung stiller Reserven eingeschränkt und die Aktionäre erhalten einen besseren Einblick in die Vermögens- und Ertragslage der Gesellschaft.

c) **Herstellkosten im steuerrechtlichen Sinne:**	HK im Steuerrecht sind wesentlich genauer spezifiziert als im Handelsrecht. Abschn. 33 EStR definiert sie zunächst zwar auch mehr allgemein als Aufwendungen, die "durch den Verbrauch von Gütern und die Inanspruchnahme von Diensten für die Herstellung eines Erzeugnisses entstehen. Sie setzen sich zusammen aus den Materialkosten einschließlich der notwendigen Materialgemeinkosten und den Fertigungskosten (insbesondere den Fertigungslöhnen) einschließlich der notwendigen Fertigungsgemeinkosten".

Unbedingt den HK sind zuzurechnen:
Material- und Fertigungsgemeinkosten, sie sind steuerlich anzusetzen, gleichgültig wie in der HB verfahren wurde.

Dem Steuerpflichtigen überlassen ist die Einbeziehung:
von Kosten für die allgemeine Verwaltung, die auf den Gewerbeertrag entfallende Gewerbesteuer, der Fremdkapitalzinsen

Nicht zuzurechnen sind:
Vertriebskosten, Steuern vom Einkommen und Vermögen als nicht absetzbare Betriebsausgaben, die Umsatzsteuer als Vertriebskostenanteil, Zinsen vom Eigenkapital und Teilwertabschreibungen.

Die wesentlichste Schwierigkeit bei der Ermittlung der HK liegt darin, daß ein Teilergebnis der Kostenrechnung übernommen werden soll. Alle Probleme, die die Kostenrechnung selbst aufweist, werden damit auf das Gebiet der Bilanz übertragen.

Für die am Bilanzstichtag vorhandenen Halb- und Fertigfabrikate soll jener Teil ermittelt werden, der unter den Sammelbegriff Herstellkosten fällt. Es muß also festgestellt werden, wie die Aufteilung der Kostenarten auf Kostenstellen und wie innerhalb der Stellen die Kostenverteilung auf die zu bewertenden Kostenträger (Halb- und Fertigfabrikate) erfolgt.

Wegen der nicht unerheblichen Abweichungen, die eine steuerrechtliche und auch handelsrechtliche Bewertungsrechnung gegenüber einer Betriebsabrechnung nach den Grundsätzen der Kostenrechnung bedingt, muß entweder hauptsächlich für steuerliche Zwecke eine eigene Betriebsabrechnung aufgestellt werden oder die Kostenrechnung durch Subtraktion der nicht zu berücksichtigenden Kostenarten berichtigt werden.

4.5 Teilwert

Der Teilwert ist der problematischste und umstrittenste Begriff des Steuerrechts. **Der Teilwert wird in § 6 EStG als der Betrag erklärt, den ein Erwerber eines g a n z e n Betriebes im Rahmen des Gesamtkaufpreises für das einzelne Wirtschaftsgut ansetzen würde, wobei davon auszugehen ist, daß der Erwerber den Betrieb fortführt** (s.a. § 10 BewG).

Der Teilwert ist ein konstruierter Wert, man bewertet dermaßen, als ob der Betrieb verkauft würde und es fehlt nur das eine bestimmte Stück. Der Teilwertbegriff ist durch die Rechtsprechung des RFH aus dem Begriff des gemeinen Wertes entwickelt worden. Der **gemeine Wert** ist der Wert, der im gewöhnlichen Geschäftsverkehr nach der Beschaffenheit des Wirtschaftsgutes bei einer Veräußerung zu erzielen wäre (§ 9 Abs. 2 BewG).

Der Teilwert unterscheidet sich damit vom gemeinen Wert dadurch, daß bei ihm nicht der Einzelwert, sondern der Wert des Gegenstandes im Rahmen des Betriebes anzusetzen ist.

Theoretische Teilwertermittlung

(1) Es wird ein Käufer angenommen, der den Gesamtwert des Unternehmens ermitteln soll.

(2) Die Bewertung wird unter dem Gesichtspunkt der Fortführung der Unternehmung vorgenommen.

(3) Der angenommene Käufer soll den Unternehmenswert auf die einzelnen Wirtschaftsgüter verteilen und dabei findet er den Wert, der auf das strittige Wirtschaftsgut entfällt.

Diese Ermittlung ist aber praktisch kaum möglich, da sich nicht feststellen läßt, in welcher Höhe welches Wirtschaftsgut zum Gewinn oder etwa zum Verlust beigetragen hat. In Wirklichkeit ist der Teilwert überhaupt kein Wertbegriff, weil er keinen exakten Wertmaßstab enthält, sondern nur eine Wertspanne, die groß genug ist, um alle in Betracht kommenden Wertmaßstäbe darin unterzubringen:

Oberste Grenze der Spanne sind die Wiederbeschaffungskosten, untere Grenze ist der (angenommene) Einzelveräußerungspreis.

$$\text{Wiederbeschaffungskosten} \longleftarrow \text{Teilwert} \longrightarrow \text{(angenommener) Einzelveräußerungspreis}$$

Der Begriff des Teilwertes wurde schon 1925 in den Steuertext eingeführt. Wegen der auftretenden Schwierigkeiten bei der Teilwertermittlung hat der RFH verschiedene Grundsätze für die Teilwertermittlung ("Vermutungen") entwickelt, die solange gelten, als sie nicht vom Steuerpflichtigen widerlegt worden sind.
Im Anschaffungszeitpunkt ist der Teilwert gleich dem Anschaffungswert.
Die Wiederbeschaffungskosten sind schon immer höher gewesen als der Anschaffungswert.
Die Anschaffungs- bzw. Wiederbeschaffungskosten gelten auch bei Herstellungen (technische Feststellung).

Der Teilwertbegriff erstreckt sich auf

(a)   nicht abnutzbares Anlagevermögen (hauptsächlich):
unbebaute Grundstücke und Wertpapiere.
Hier ist der Teilwert = Anschaffungskosten; oberste Grenze ist der Wiederbeschaffungswert eines gleichartigen neuen Gegenstandes. Ist der Wert geringer, muß der Eigentümer den Nachweis führen, z.B. wenn die Grundstücke an Wert verloren haben.

(b)   abnutzbares Anlagevermögen: oberste Grenze ist hier der Wiederbeschaffungswert unter Berücksichtigung der Absetzung für Abnutzung (AfA). Zu diesem Betrag treten in beiden Fällen bei "betriebsarteigenen" Anlagegegenständen die Kosten hinzu, die entstehen würden, wenn der alte Gegenstand gegen den neuen ausgewechselt würde.

Umlaufvermögen:
Die oberste Grenze bilden hier die Anschaffungskosten oder die Herstellkosten, da für das Umlaufvermögen das strenge Niederstwertprinzip gilt, der niedrigere Börsen- oder Marktpreis (§ 155 Abs. 2 AktG).

Die unterste Grenze für den Teilwert ist bei Anlage- und Umlaufgegenständen, die im Betrieb nicht mehr verwendbar sind, der Schrottwert.

Die Formulierung des Gesetzgebers, daß der Teilwert der Betrag ist, den ein (fiktiver) Käufer im Rahmen des Gesamtkaufpreises eines Betriebes für das einzelne Wirtschaftsgut ansetzen würde, stößt auf große Schwierigkeiten, da

34

der Gesamtkaufpreis eines Betriebes in den seltensten Fällen bekannt ist, nämlich nur dann, wenn der Betrieb tatsächlich veräußert wird. Von der BWL wurden verschiedene Theorien zur Ermittlung des Gesamtwertes einer Unternehmung entwickelt, jedoch führen sie nur zu angenäherten Schätzwerten und sind sehr umstritten. Der Gesamtertragswert eines Unternehmens ist nicht einfach auf die einzelnen Produktionsfaktoren verteilbar.

Unternehmenswert $\neq$ Substanzwert[1]
Summe der Gemeinwerte = Substanzwert

Nach SCHMALENBACH ist der Wert einer Unternehmung als Ganzes:

$$\text{Unternehmenswert} = \frac{\textbf{Substanzwert + Ertragswert}}{2}$$

4.6 Schema der Bilanzbewertung nach dem AktG und dem EStG

Abb. 5

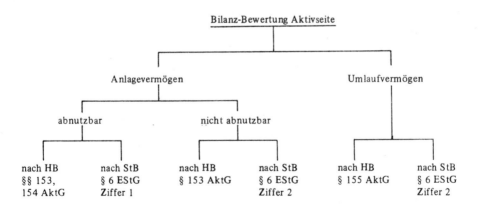

[1] Vgl. dazu Punkt 9, insbesondere 9.2.7, Seite 95

Abb. 6

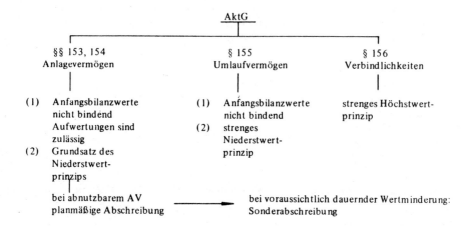

AktG

§§ 153, 154
Anlagevermögen

§ 155
Umlaufvermögen

§ 156
Verbindlichkeiten

(1) Anfangsbilanzwerte
nicht bindend
Aufwertungen sind
zulässig
(2) Grundsatz des
Niederstwert-
prinzips

bei abnutzbarem AV
planmäßige Abschreibung

(1) Anfangsbilanzwerte
nicht bindend
(2) strenges
Niederstwert-
prinzip

strenges Höchstwert-
prinzip

bei voraussichtlich dauernder Wertminderung:
Sonderabschreibung

Abb. 7

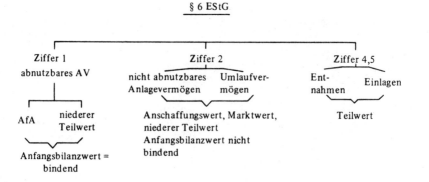

§ 6 EStG

Ziffer 1
abnutzbares AV

AfA   niederer
Teilwert

Anfangsbilanzwert =
bindend

Ziffer 2

nicht abnutzbares   Umlaufver-
Anlagevermögen   mögen

Anschaffungswert, Marktwert,
niederer Teilwert
Anfangsbilanzwert nicht
bindend

Ziffer 4,5

Ent-
nahmen   Einlagen

Teilwert

4.6.1 Bewertung der Aktivposten nach dem AktG
(AHK = Anschaffungs- oder Herstellungskosten)

4.6.1.1 Anlagevermögen (§§ 153, 154)

Gegenstände des AV sind zu den Anschaffungs- oder Herstellkosten, vermindert um Abschreibungen oder Wertberichtigungen, anzusetzen. Also nicht mehr wie im alten AktG 1937, § 133: .... sind **höchstens** zu den AHK. ... Zugänge müssen mit den AHK aufgeführt werden. Es wird also genau bestimmt, mit welchem Wert die Vermögensgegenstände in die Bilanz einzusetzen sind, die AHK bilden also nicht mehr nur eine obere, sondern auch eine untere Grenze, die freilich durch mehrere Vorschriften, insbesondere über die Abschreibung modifiziert wird.

Im § 154 AktG wurde eine besondere Vorschrift über die Abschreibungen und Wertberichtigungen aufgenommen. Sie unterscheidet zwischen **planmäßiger** und **außerplanmäßiger Abschreibung:** Soweit die Nutzung des Anlagevermögens zeitlich begrenzt ist (Ausrüstungen, Gebäude, Maschinen), muß **planmäßig** abgeschrieben oder wertberichtigt werden nach der voraussichtlichen Nutzungsdauer. Nach § 154 Abs. 2 AktG können, ohne Rücksicht auf eine zeitliche Begrenzung ihrer Nutzungsdauer, auf **alle** Gegenstände des AV **außerplanmäßige** Abschreibungen oder Wertberichtigungen vorgenommen werden, insbesondere auf den niedrigeren Ansatz der Steuerbilanz. Sie **müssen** vorgenommen werden bei einer voraussichtlich dauernden Wertminderung.

Es entspricht dem **Grundsatz der stetigen Bewertung,** daß der einmal gewählte niedrigere Wert beibehalten werden kann, auch dann, wenn die Gründe der außerplanmäßigen Abschreibung oder Wertberichtigung nicht mehr bestehen. Dies bedeutet dann die Bildung stiller Reserven.
Die Vorschrift, daß bei voraussichtlich dauernder Wertminderung die außerplanmäßige Abschreibung vorgenommen werden **muß,** ist für die abnutzbaren Gegenstände neu.

4.6.1.2 Umlaufvermögen (§ 155)

Grundsätzlich ist auch das UV zu AHK anzusetzen. Handelt es sich um den Wertansatz gleichartiger Gegenstände, so darf unterstellt werden, daß die zuerst oder zuletzt angeschafften bzw. hergestellten Gegenstände zuerst oder in einer sonstigen bestimmten Folge verbraucht oder veräußert worden sind, soweit dies den Grundsätzen ordnungsmäßiger Buchführung entspricht.

Damit werden die unter den Begriffen Lifo-, Fifo-, Hifo- und ähnliche Verfahren[1] gebräuchlichen Bewertungsgrundsätze gesetzlich anerkannt.

[1] Vgl. dazu: WP-Handbuch 1978, a.a.O., S. 639 f. (vgl. Fußnoten dort).

Mit geringeren Werten als AHK dürfen Gegenstände des UV angesetzt werden, soweit der niedrigere Wertansatz

(1) bei vernünftiger kaufmännischer Beurteilung notwendig ist um zu verhindern, daß in der nächsten Zukunft der Wertansatz dieser Gegenstände aufgrund von Wertschwankungen geändert werden muß, oder

(2) für Zwecke der Steuern vom Einkommen und vom Ertrag für zulässig gehalten wird.

Ein geringerer Wertansatz **muß** vorgenommen werden, wenn der Börsen- oder Marktpreis niedriger lieg als AHK **(strenges Niederstwertprinzip)**. In diesen Fällen ist der Börsen- oder Marktpreis bzw. der gemeine Wert anzusetzen. Auch hier kann der niedrigere Wert beibehalten werden, wenn die Gründe dafür wegfallen sollten.

Beim Umlaufvermögen keine planmäßigen Abschreibungen.

4.6.2 Die Bewertung der Passivposten nach dem AktG (§ 156)

Hier gilt allgemein der **Grundsatz des höchsten Wertansatzes**. Das Grundkapital muß mit dem Nennbetrag angesetzt werden.

Das neue AktG schreibt vor, daß alle Verbindlichkeiten (nicht nur die Anleihen) zu ihrem Rückzahlungsbetrag und Rentenverpflichtungen mit ihrem Barwert auszuweisen sind; für Rentenverpflichtungen bleibt also die bisherige Ausnahme aufrechterhalten. In der Praxis wurde jedoch schon vor dem neuen AktG so verfahren, es hat sich also hier nichts geändert.

Nach § 156 Abs. 4 dürfen **Rückstellungen** nur insoweit gebildet werden, als es "nach vernünftiger kaufmännischer Beurteilung notwendig" ist.

4.7 Die steuerrechtlichen Bewertungsvorschriften

Die steuerrechtlichen Bewertungsvorschriften sind im wesentlichen im Einkommensteuergesetz und im Bewertungsgesetz enthalten.

Wegen der unterschiedlichen Zielsetzung von Handels- und Steuerbilanz hat das Einkommensteuerrecht teilweise andere Bewertungsvorschriften als das Handels- und Aktienrecht geschaffen.

Das EStG hat neben Höchstwert- auch **Mindestwertvorschriften** geschaffen, damit der Gewinn in der Steuerbilanz nicht zu niedrig ausgewiesen werden kann.

Wegen der Abweichungen der steuerrechtlichen Bewertungsvorschriften von den handelsrechtlichen muß außer der HB eine StB aufgestellt werden, oder, wie es in den meisten Fällen geschieht, zumindest die Wertansätze der HB entsprechend den steuerrechtlichen Vorschriften korrigiert werden.

§ 5 EStG bestimmt, daß die StB aus der HB abzuleiten ist. Somit ist die Handelsbilanz maßgeblich für die Steuerbilanz.[1]
Wenn also keine besonderen steuerlichen Vorschriften bestehen, aus denen sich Abweichungen ergeben, müssen die Wertansätze der HB in der StB übernommen werden.

4.7.1 Bewertung der abnutzbaren Anlagegüter

Wie man der Abb. 7 auf Seite 36 entnehmen kann unterscheidet der § 6 EStG zwischen abnutzbarem und nicht abnutzbarem Anlagevermögen (im Gegensatz zum AktG, das zwischen Bewertungsgrundsätzen für das Anlage- und Umlaufvermögen unterscheidet).

Nach § 6, Ziffer 1 EStG hat der Betrieb ein Wahlrecht zwischen zwei Wertansätzen: entweder kann er die AHK, vermindert um AfA, oder den niedrigeren Teilwert ansetzen. Ist der Teilwert voraussichtlich dauernd niedriger, **muß** er angesetzt werden.

Wegen der Maßgeblichkeit der HB für die StB bilden die AHK die obere Grenze der Bewertung. Sollte der Teilwert, z.B. durch große Preissteigerungen, über die AHK bzw. über den Abschreibungsrestwert (AHK ./. AfA) steigen, so darf er nicht angesetzt werden, denn der Ausweis noch nicht durch Umsatz realisierter Gewinne widerspricht der ordnungsmäßigen Bilanzierung. Sinkt aber der Teilwert unter diese Werte, so **muß** er angesetzt werden, wenn es sich um eine voraussichtlich dauernde Wertminderung handelt.

Beispiel:	AK einer Maschine	=	10.000 DM
	Nutzungsdauer	=	10 Jahre
	AfA	=	1.000 DM im Jahr

Nach dreijähriger Nutzung beträgt der Abschreibungsrestwert = 7000 DM. Tritt jetzt eine voraussichtlich dauernde Wertminderung ein, der Teilwert sinkt infolgedessen auf 5000 DM, so muß der Betrieb diesen niedrigeren Teilwert ansetzen, um davon die weiteren Absetzungen vorzunehmen. Obwohl § 6 Abs. 1 ausführt:". . . ist der Teilwert niedriger, so **kann** dieser angesetzt werden", ist aus diesem kann ein **muß** geworden, wenn in der Handelsbilanz außerplanmäßig abgeschrieben werden mußte (Handelsbilanz ist maßgeblich für die Steuerbilanz!).

Das Wahlrecht
(1)   den fortgeführten Anschaffungswert anzusetzen,
(2)   auf den niederen Teilwert überzugehen,
(3)   einen zwischen beiden gelegenen Wert zu wählen,
entfällt also wegen der vorgeschriebenen Sonderabschreibungen im § 154 Abs. 2 AktG.

[1] Vgl. dazu: WP-Handbuch 1976, a.a.O., S. 583 ff.

Der Teilwert darf nicht tiefer liegen als der entsprechende Wertansatz in der Handelsbilanz (Maßgeblichkeitsprinzip, in der StB darf nicht mehr abgeschrieben werden als in der HB).

Der letzte Satz des § 6 Abs. 1 EStG verlangt die genaue Beachtung des Prinzips des **Wertzusammenhanges** (materielle Bilanzkontinuität).

Danach darf bei Wirtschaftsgütern, die bereits am Schluß des vorangegangenen Wirtschaftsjahres zum Anlagevermögen gehört haben, der Wertansatz nicht über den letzten Bilanzansatz hinausgehen.

Das bedeutet also, wurde einmal der niedere Teilwert angesetzt, so darf später nicht wieder auf einen höheren Abschreibungsrestwert aufgewertet werden. Wenn also z.b. die Teilwerte von abnutzbaren Anlagegütern steigen, so bilden sich in diesen Gütern stille Reserven.

Bestünde diese Vorschrift nicht, könnte der Betrieb durch Auflösung der stillen Reserven eine Höherbewertung in Verlustjahren vornehmen (der Verlust wird gekürzt, ein Gewinn entsteht dadurch in der Regel noch nicht) und in Jahren größeren Gewinns die Wirtschaftsgüter erneut abschreiben, um den steuerpflichtigen Gewinn zu mindern.

4.7.2 Bewertung der nicht abnutzbaren Anlagegüter

(§ 6 Abs. 2 EStG: Grund und Boden, Beteiligungen, Wertpapiere)
Diese Gegenstände müssen wie in der HB zu AHK bilanziert werden.
Jedoch sind hier im Gegensatz zu den abnutzbaren Anlagegütern keine AfA möglich.
Es darf der niedere Teilwert angesetzt werden (Realisierung eines noch nicht durch Umsatz erfolgten Verlustes).
Erfordern aber die Grundsätze ordnungsmäßiger Buchführung einen niederen Wertansatz in der Handelsbilanz, so **muß** auch in der StB dieser Wert angesetzt werden.

Wenn z.B. Wertpapiere im Kurs fallen, hängt der Wertansatz davon ab, ob mit einem vorübergehenden Kursrückgang oder mit einem dauernden gerechnet wird.
Bei einem länger anhaltenden Kursrückgang verlangt der § 154 Abs. 2 AktG eine Sonderabschreibung vorzunehmen, außerdem erfordert dies die Grundsätze ordnungsmäßiger Buchführung (Prinzip der Vorsicht).
Da aber gerade bei Wertpapieren schwer zu entscheiden ist, ob sie nur vorübergehend im Kurs fallen oder nicht, bleibt dem Betrieb ein gewisser Ermessensspielraum.

Ein Wertzusammenhang wird bei den nicht abnutzbaren Anlagegütern nicht verlangt. Der letzte Bilanzansatz darf überschritten werden, allerdings bilden die AHK die Obergrenze. Dies bedeutet also, daß stille Rücklagen, die sich durch Wertsteigerung ergeben, **vor** der Veräußerung aufgelöst werden können

(= Ausweis noch nicht realisierter Gewinne; dieser vermeintliche Verstoß gegen einen Bilanzierungsgrundsatz ist aber nichts anderes als die Rückgängigmachung eines nicht realisierten Verlustes).

Wegen der Maßgeblichkeit der HB für die StB ist eine Aufwertung aber nur dann steuerlich zulässig, wenn dies auch in der HB geschieht (der Betrieb kann also den ausgewiesenen Periodengewinn beeinflussen, in Verlustjahren verringert die Werterhöhung den Verlust, d.h. die Kreditwürdigkeit des Betriebes wird erhöht).

4.7.3 Bewertung des Umlaufvermögens

Das UV ist nach § 6 Abs. 1 Ziff. 2 EStG genau wie die abnutzbaren Anlagegüter zu bilanzieren, die Obergrenze bilden also die AHK.
Der niedrigere Teilwert darf, muß aber nicht angesetzt werden. Diese Bestimmung des § 6 EStG ist aber ohne Bedeutung, da die Wertansätze der HB maßgeblich für die StB sind. In der HB herrscht für das UV strenges Niederstwertprinzip, wahrscheinliche, aber durch Umsatz noch nicht realisierte Verluste müssen also bereits als Verluste ausgewiesen werden, durch Umsatz noch nicht realisierte Gewinne dürfen nicht ausgewiesen werden.

4.7.4 Bewertung geringwertiger Anlagegüter

Geringwertige Anlagegüter sind bewegliche Wirtschaftsgüter des AV, die einer selbständigen Bewertung und Nutzung fähig sind, mit einem Anschaffungs- oder Herstellungswert für das einzelne Wirtschaftsgut bis 800, – DM. Solche Anlagegüter können von Steuerpflichtigen, die den Gewinn aufgrund ordnungsmäßiger Buchführung ermitteln, im Jahr der Anschaffung in voller Höhe als Betriebsausgaben abgesetzt werden (§ 6 Abs. 2 EStG).

4.8 Zusammenfassung der Bewertungsvorschriften

Es wird vorausgesetzt, daß der Inhalt der §§ 153—155 AktG und § 6 EStG beherrscht wird.

Handelsbilanz (§§ 153—155 AktG)   Abb. 8

Unterscheidung:

Anlagevermögen: AHK ./. Abschreibung
  — bei vorübergehender Wertminderung
  — gemildertes Niederstwertprinzip
  — bei voraussichtlich dauernder Wertminderung **muß** niederer Wert durch außerplanmäßige Abschreibung angesetzt werden

Umlaufvermögen: AHK
geringerer Marktpreis muß angesetzt werden

HB maßgeblich für StB!

Anfangsbilanzwerte bei AV und UV nicht bindend — Aufwertung ist möglich, z.B. bei Kursanstieg von Wertpapieren

Unterscheidung

abnutzbares AV: AHK ./. AfA **oder** entsprechend HB
  — niederer Teilwert
  steigt der Teilwert über AK darf er nicht angesetzt werden

Anfangsbilanzwerte bindend
(Wertzusammenhang, Aufwertung im neuen Jahr nicht möglich)

nicht abnutzbares AV:
(ebenso UV) AHK, **keine** AfA
niederer Teilwert **darf** bei vorübergehender Wertminderung angesetzt werden, **muß** bei dauernder Wertminderung

Anfangsbilanzwerte nicht bindend
(Wertzusammenhang wird hier nicht verlangt
  — Aufwertung bis AK möglich
Für UV ist Wahl zu AHK oder niederer Teilwert ohne Bedeutung, da HB maßgeblich
  — strenges Niederstwertprinzip

Steuerbilanz (§ 6 EStG)

Kontrollfragen zu Kapitel 4

1. Was besagt der Grundsatz der Einzelbewertung und wann kann Sammelbewertung angewendet werden?

2. Unter dem Aspekt des Gläubigerschutzes und unter dem Aspekt des Aktionärschutzes wurden im AktG von 1965 bestimmte Paragraphen fixiert. Nennen Sie die wesentlichsten und interpretieren Sie diese!

3. Wie sind die Vermögensgegenstände des AV und des UV bilanzmäßig zu bewerten?

4. Inwieweit muß im Geschäftsbericht über die Bewertung der Vermögensgegenstände berichtet werden?

5. Versuchen Sie eine Reproduktion der Grafik, in welcher die der HB zur Verfügung stehenden Wertansätze zusammengestellt sind (Abb. 3, Seite 28)!

6. Geben Sie mit eigenen Worten den Inhalt des § 40 HGB wieder!

7. Was besagen Realisations-, Niederstwert- und Imparitätsprinzip?

8. Was verstehen Sie unter AK im Sinne des AktG?

9. Wie werden die HK ermittelt
   a) betriebswirtschaftlich,
   b) handelsrechtlich,
   c) steuerrechtlich,
   und welche Schwierigkeiten ergeben sich bei den jeweiligen Verfahren?

10. Definieren Sie den steuerlichen Teilwertbegriff in Anlehnung an das EStG. Erläutern Sie danach die Ermittlung des Teilwerts und die dabei auftretenden Unzulänglichkeiten!

11. Versuchen Sie, die Abb. 5 – Abb. 7 (Seite 35, 36) in kurze Essays zu transformieren (je Abb. maximal 1 Schreibmaschinenseite)!

12. Welche Regelung wird im § 154 AktG bezüglich der Abschreibungen und Wertberichtigungen auf Gegenstände des AV vorgenommen?

13. Inwieweit dürfen Gegenstände des UV nach Lifo-, Fifo-, Hifo- oder ähnlichen Verfahren angesetzt werden?

14. Nennen Sie die fünf möglichen Wertansätze für Gegenstände des UV!

15. Auf welcher Rechtsnorm basiert das sog. Beibehaltungswahlrecht? Erörtern Sie die Möglichkeiten, die sich aus dieser Rechtsvorschrift ergeben!

16. Skizzieren Sie kurz die Wertansätze für die Passiva einer Aktiengesellschaft, ohne dabei das AktG einzusehen!

17. Welche Unterschiede sehen Sie zwischen den aktien- und den steuerrechtlichen Bewertungsvorschriften?

18. Worin sehen Sie die praktische Bedeutung des Maßgeblichkeitsgrundsatzes? Welche Vorschrift des AktG wurde wegen diesem Grundsatz in das neue AktG aufgenommen?

19. Versuchen Sie eine vergleichende Interpretation von HB und StB unter Zuhilfenahme von Abb. 8 (Seite 42)!

5. Gewinnbegriff

5.1 Betriebswirtschaftlicher Gewinnbegriff

Die kalkulatorische Erfolgsrechnung ist eine kurzfristige Erfolgsrechnung, sie ist meist auf einen Monat beschränkt.
Ihr Ziel ist, die wirtschaftliche Situation des Betriebes zu erkennen. Es muß soweit als möglich real bewertet werden.

Um den echten betriebswirtschaftlichen Gewinn zu ermitteln, muß die organische Bilanztheorie zugrunde gelegt werden. Der Verbrauch wird zu Wiederbeschaffungspreisen bewertet, stille Reserven dürfen nicht gebildet werden.
Es werden die relativen Gewinne (kurze Zeiträume) erkannt; die Summe der relativen Gewinne ergibt den Gesamtgewinn.

Der absolute Gewinn (ganz echter totaler Gewinn) kann erst nach der Liquidation des Betriebes ermittelt werden (Gesamteinnahmen ./. Gesamtausgaben).
Dieser ist der einzig sichere, völlig richtig zu errechnende Gewinn.
Jeder andere Gewinn ist ein **relativer Gewinn,** verschieden je nach den Zwecken, die man verfolgt, nach den Voraussetzungen, von denen man ausgeht und nach den Verfahrensweisen, die man zu seiner Errechnung benutzt.

Umfaßt die Erfolgsperiode das gesamte Leben der Unternehmung, so ist der letzte Erlös ein Gelderlös.
Neubeschaffungen erfolgen nicht mehr, die eingesetzte Summe war auch Geld.
Die Differenz zwischen eingesetztem Geldkapital und dem Erlös ist somit der Gewinn der Unternehmung, der Totalgewinn.

Die Gewinnermittlung nach der organischen Bilanztheorie ist theoretisch vollkommen, aber praktisch unmöglich.
Die relative Gewinnermittlung ist also ein Einschnitt in die Gesamtlebensdauer der Unternehmung, deshalb spielt die Bewertung eine außerordentliche Rolle.

Alle Sachwerte, auch die laufenden Geschäfte sind in Geld umzusetzen.
Es treten aber viele Unschärfen auf, hauptsächlich in der Bewertung der Halb- (das neue AktG spricht jetzt von unfertigen Fabrikaten) und Fertigfabrikaten.
Die Halbfabrikate werden zu den Herstellungskosten bewertet. Verwaltungsgemeinkosten werden dabei aus Gründen der Vorsicht nicht aktiviert.
Wenn die Bestände schwanken, schwankt auch der Anteil der nicht aktivierten Verwaltungsgemeinkosten.
Bei wachsenden Beständen steigt die Ungenauigkeit (und umgekehrt) ebenfalls je kleiner die Zeiträume gewählt werden (da zufällig gerade aus einem Halb- noch ein Fertigfabrikat geworden sein kann, oder umgekehrt gerade noch Halbfabrikat).

Die Halb- und Fertigfabrikate bilden in der Bilanz einen hohen Prozentsatz. Bei stetiger Fertigung und stetigem Absatz wird die Ungenauigkeit geringer.

Da also der betriebswirtschaftliche Gewinnbegriff viel zu weit gefaßt ist, müssen die Quellen des Erfolges ermittelt werden (Nachkalkulation nach Kostenträgerrechnung). Die neuere Erfolgsrechnung (Plankostenrechnung) ist viel wichtiger, aussagefähiger und differenzierter geworden.[1]

5.2 Handelsbilanzieller Gewinn

Der Erfolg einer Abrechnungsperiode wird als Saldo durch Gegenüberstellung von Vermögens- und Kapitalpositionen an einem Zeitpunkt (Bilanzstichtag) ermittelt.

Die Steuerbilanz verlangt nominelle Kapitalerhaltung.

Substanzerhaltung ist eine Frage der Kalkulation und Preispolitik (Kalkulation zu Wiederbeschaffungspreisen), nicht der Bilanz.

Trotzdem kann die Bilanz substanzerhaltend wirken (nicht im betriebswirtschaftlichen Sinne, sondern im Hinblick auf die Gewinnausschüttung).

Hauptunterschied zwischen betriebswirtschaftlichen und handelsbilanziellem Gewinnbegriff:

Der betriebswirtschaftliche Begriff enthält kalkulatorische Zinsen, kalkulatorische Wagnisse, den Unternehmerlohn usw. Der betriebswirtschaftliche Gewinn wird also durch diese Faktoren gemindert.

In der Handelsbilanz mindern bzw. vermehren die Auflösung bzw. Schaffung stiller Reserven den Gewinn.

5.3 Steuerbilanzieller Gewinn

Der steuerliche Reingewinn ist "der Unterschiedsbetrag zwischen dem Betriebsvermögen am Schluß des Wirtschaftsjahres und dem Betriebsvermögen am Schluß des vorangegangenen Wirtschaftsjahres, vermehrt um den Wert der Entnahmen und vermindert um den Wert der Einlagen" (§ 4 EStG).

Bei Körperschaften steht die Frage der Entnahme nicht zur Diskussion, da bei ihnen alle Geschäftsvorfälle als solche betrieblicher Art anzusehen sind. Nur dann, wenn zwischen Kapitalgesellschaften und Kapitaleignern gewisse Rechtsgeschäfte getätigt werden, ist die Frage einer evtl. verdeckten Ausschüttung zu prüfen.

Die Ermittlung des Gewinns geschieht durch die Gegenüberstellung von Aktiva und Passiva.

[1] Vgl. dazu: Fuchs, E./Neumann-Cosel, R. v., Kostenrechnung, Einführung in programmierter Form, 2. Aufl., VVF-Verlag, München 1977.

46

Gewinn = Aktiva ./. (Schulden + Kapital)

Der im Steuerjahr erzielte Gewinn soll zeitgerecht versteuert werden. Das Steuerrecht geht davon aus, daß die HB und die aus ihr abgeleitete StB insbesondere der Gewinnermittlung dient.

Der erzielte Gewinn bestimmt sich somit nach handelsrechtlichen Aufstellungen und steuerlichen Zusatzbestimmungen.
Nur wenn es die Bewertungsvorschriften erlauben wird der steuerliche Gewinn durch stille Reserven beeinflußt (⟶ Sonderabschreibungen, oder geringerer Anschaffungswert bei gestiegenem Teilwert).
Für werterhöhende Reparaturen besteht Aktivierungszwang.

Hauptunterschiede zwischen 5.2 und 5.3

(a) Die Gewinn-Steuern sind in der HB Aufwand, in der StB bedeuten sie Gewinnverwendung.

(b) Rücklagen sind in der HB Aufwand, in der StB ebenfalls Gewinnverwendung.

(c) Einschränkung der Rückstellungsbewertung in der StB (Reparaturrückstellungen z.B. sind in der StB nicht zulässig).
Verlustmöglichkeiten, die nach dem Bilanz-Stichtag abzusehen sind, sollen (evtl. müssen) in der HB berücksichtigt werden, nicht dagegen in der StB.

Das EStG kennt zwei grundsätzliche Methoden der Gewinnermittlung:

Die **Überschußrechnung**, nämlich die Einnahmen- und Ausgabenrechnung des § 4 Abs. 3 EStG (wobei es noch eine verbesserte Form der Überschußrechnung gibt) und den **Vermögensvergleich** nach § 4 Abs. 1 und § 5 EStG.
Die Einnahmen - und Ausgabenrechnung interessiert uns im Rahmen der Erörterung der StB nicht, sie ist an die Voraussetzung geknüpft, daß keine gesetzliche Buchführungs- und Bilanzierungspflicht besteht und freiwillig auch keine Bücher geführt und Abschlüsse gemacht werden.
Beim Vermögensvergleich ist zwischen "Teilvermögensvergleich" (§ 4 EStG) und "Totalvermögensvergleich" (§ 5 EStG) zu unterscheiden. Hier ist die StB für die Gewinnermittlung ausschlaggebend.

Abb. 9

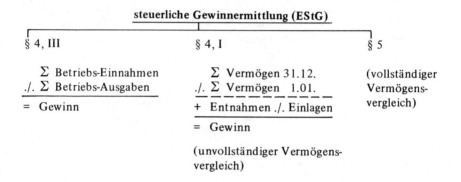

steuerliche Gewinnermittlung (EStG)

§ 4, III	§ 4, I	§ 5
Σ Betriebs-Einnahmen ./. Σ Betriebs-Ausgaben = Gewinn	Σ Vermögen 31.12. ./. Σ Vermögen 1.01. + Entnahmen ./. Einlagen = Gewinn (unvollständiger Vermögens- vergleich)	(vollständiger Vermögens- vergleich)

Unterschied zwischen unvollständigem (Teil-) und vollständigem (Total-) Vermögensvergleich:
Während beim Teilvermögensvergleich der zum Anlagevermögen gehörende Grund und Boden bei der Gewinnermittlung außer Ansatz bleibt, wird beim Totalvermögensvergleich auch der Grund und Boden berücksichtigt, außerdem darf auch gewillkürtes Betriebsvermögen in die Bilanz aufgenommen werden (s.u.).
Kaufleute bilanzieren regelmäßig nach § 5 EStG.

Kontrollfragen zu Kapitel 5

1. Wie gehen Sie vor, wenn Sie den 'echten betriebswirtschaftlichen Gewinn' ermitteln sollen?

2. Wie erhalten Sie rechentechnisch den handelsbilanziellen Gewinn?

3. Welche Unterschiede bestehen zwischen betriebswirtschaftlichem, handelsbilanziellem und steuerbilanziellem Gewinn?

4. Stellen Sie die steuerrechtlichen Gewinnermittlungsverfahren fest, vergleichen Sie diese und prüfen Sie die Aussagefähigkeit der Verfahren!

6. Die Steuerbilanz

6.1 Allgemeines, Begriff

Der Begriff "Steuerbilanz" umfaßt nach herkömmlicher Systematik jede für steuerliche Zwecke aufgestellte Bilanz. Der Bedeutung nach sind es insbesondere die Einkommen- und Körperschaftssteuerbilanz als echte Ertragssteuerbilanzen (die uns hier interessiert) und die sog. Vermögenssteuerbilanz, die besser als Vermögensaufstellung zu bezeichnen ist.

Beide unterscheiden sich, entsprechend ihrer Zweckbestimmung, wesentlich voneinander, und zwar darin, daß die Ertragssteuerbilanz, ähnlich der handelsrechtlichen Bilanz, die Feststellung des Betriebsergebnisses in einem bestimmten Zeitabschnitt zum Gegenstand hat, während die Vermögensaufstellung das **Vermögen** an einem bestimmten Stichtag festzustellen hat.

Wie bereits erwähnt ist die HB die Grundlage für die StB, d.h. die HB, welche auf Grund ordnungsmäßiger Buchführung und Bewertung aufgestellt wurde und nicht gegen zwingende Vorschriften des Handelsrechts verstößt. Die Steuerbilanz ist demnach eine abgeleitete Bilanz.

Sie ist die HB mit verschiedenen durch das Steuerrecht bedingten Korrekturen. Vorgeschrieben ist nur die HB, nicht aber eine StB.

Es gibt also nur besondere Vorschriften über die Gewinnermittlung und Bewertung.

Es gibt drei verschiedene Techniken, den Gewinn steuerlich zu ermitteln:

(a) Aus der HB wird nebenbei für die StB abgerechnet (auf extra Zetteln)
(b) Die steuerlichen Bewertungsvorschriften werden in der HB berücksichtigt, es wird also nach dem Steuergesetz bewertet (gebräuchlichste Methode, wenn die Unternehmen nicht publizieren müssen). HB = StB
(c) Es wird eine spezielle StB aufgestellt, nicht auf buchhalterischem Wege, da die Buchhaltung handelsbilanzmäßig ausgerichtet ist. StB-Erstellung also nur über den Weg der Nebenrechnung.

6.2 Betriebsvermögen

In der StB ist das Betriebsvermögen auszuweisen. Als Betriebsvermögen gilt das **notwendige** Betriebsvermögen (= Wirtschaftsgüter, die nur betrieblichen Zwecken dienen) und **gewillkürtes** Betriebsvermögen (= Wirtschaftsgüter, die sowohl betrieblichen als auch privaten Zwecken dienen können). Bei letzterem ist der Wille des Steuerpflichtigen maßgebend, ob diese Vermögensgegenstände als Betriebs- oder Privatvermögen zu behandeln sind (z.B. Wertpapiere).

Zum notwendigen Betriebsvermögen gehören Wirtschaftsgüter, die ihrer Art und Beschaffenheit (z.B. Fabrikgebäude, Warenvorräte etc.) nach nur geschäftlichen Zwecken dienen können.

Solange diese Zweckbestimmung besteht, sind Geschäfte, die mit diesen Wirtschaftsgütern gemacht werden, betriebliche Vorgänge. Eine Entnahme in das Privatvermögen ist deshalb begrifflich unmöglich.

Jede Vermögensmehrung oder -minderung außerhalb der Bilanz (private Sphäre) ist für die HB und StB ohne Bedeutung.

Für beide Bilanzen ist das kaufmännische Ermessen maßgebend, es unterliegt jedoch vor allem in der StB einer erheblichen Kontrolle.

Der Steuerpflichtige kann handelsrechtlich nicht höher bewerten als steuerrechtlich. Für die StB wird nicht das Endergebnis der HB übernommen, sondern es muß von jedem einzelnen Posten der HB ausgegangen werden.

6.3 Technik der Steuerbilanz

Man unterscheidet die Technik für die Aufstellung der StB und die Technik für die Abstimmung mit der HB und der vorangegangenen StB.

Abweichungen zwischen HB und StB nennt man **steuerliche Ausgleichsposten** (= Summe aller Unterschiede der Bewertung zwischen HB und StB bis zum Bilanzstichtage).

Beispiel:

	HB	Abweichung gegenüber der StB +	./.	StB
Anlagevermögen:	2,3	0,4		2,7
Umlaufvermögen:	1,5	0,3		1,8
	3,8	0,7		4,5
Eigenkapital	1,6			1,6
Rückstellung	0,6		0,2	0,4
Verbindlichkeiten	1,2			1,2
Gewinn	0,4			1,3
	3,8	0,7	0,2	4,5

0,7 + 0,2 = 0,9 + HB-Gewinn = 1,3 ⟵ zu versteuernder Gewinn

Berechnung der Körperschaftsteuerrückstellung

Gewinn lt. HB = StB 1977			DM 112.000,–
+ Körperschaftsteuer-Nachzahlung lt. steuerlicher Außenprüfung für die Jahre 1974–1976	DM	10.000,–	
+ Vermögensteuer-Nachzahlung 1975	DM	1.000,–	
+ Körperschaftsteuer-Vorauszahlungen 1977	DM	71.000,–	
+ 1/2 der gewährten Aufsichtsratvergütung	DM	8.000,–	
./. Investitionszulage	DM	2.000,–	DM 88.000,–
= zu versteuerndes Einkommen			DM 200.000,–

Die Gesellschafterversammlung beschließt im Frühjahr 1978, für 1977 DM 40.000,– auszuschütten.

Körperschaftsteuer bei Anwendung des Steuersatzes von 56 % (§ 23 KStG, Tarifbelastung) des zu versteuernden Einkommens von DM 200.000,–		DM 112.000,–
Körperschaftsteuerminderung nach § 27 KStG i.V. mit Abschn. 77 KStR 5/16 von DM 40.000,– (16/16 – Bardividende)	./.	DM 12.500,–
Körperschaftsteuerschuld 1977		DM 99.500,–
Körperschaftsteuer-Vorauszahlungen 1977	./.	DM 71.000,–
Körperschaftsteuer-Rückstellung 1977		DM 28.500,–

Probe:

zu versteuerndes Einkommen 1977	DM 200.000,–		
./. Bruttoausschüttung (25/16)	DM 62.500,–		
	DM 137.500,–		
56 % Körperschaftsteuer (Tarifbelastung) von	DM 137.500,–	=	DM 77.000,–
36 % Körperschaftsteuer (Ausschüttungsbelastung) von	DM 62.500,–	=	DM 22.500,–
Körperschaftsteuerschuld 1977			DM 99.500,–

Kontrollfragen zu Kapitel 6

1. Was besagt der Begriff 'Steuerbilanz'? Welche 'Steuerbilanzen' sind von besonderer Bedeutung?

2. Welche Voraussetzungen müssen gegeben sein, damit die HB als Grundlage für die StB herangezogen werden kann?

3. Nach welchen Techniken kann der Gewinn steuerlich ermittelt werden?

4. Was ist 'notwendiges', was 'gewillkürtes' Betriebsvermögen?

5. Wie entstehen steuerliche Ausgleichsposten? Stimmt es, daß sie in der Regel auf der Passivseite der Steuerbilanz stehen?

7. Handelsrechtlicher Jahresabschluß

7.1 "Lesen" der Bilanz

Wer eine Bilanz von links nach rechts liest, begeht einen grundlegenden Fehler. Das erste, was beim Lesen und damit bei sachgemäßem Eindringen in die durch die Bilanz aufgezeigten Verhältnisse eines Betriebes interessiert, ist die Frage: Welche Mittel sind in dem betreffenden Unternehmen angelegt? (Frage der Kapital-Investition).

Im Zusammenhang damit stehen die Fragen:
- (a) In welcher Höhe stehen Eigenmittel zur Verfügung?
- (b) Mit welchen Fremdmitteln arbeitet das Unternehmen?
- (c) In welchem Verhältnis unterteilen sich die von dritter Seite gegebenen Mittel in kurzfristige und langfristige?
- (d) Mußten für die Hereinnahme fremden Geldes Sicherheiten gegeben werden und ggf. welche?

Erst wenn diese Fragen genügend geklärt sind, kann und wird sich die weitere Frage anschließen, wie die dem Unternehmen zur Verfügung stehenden Geldmittel zur Durchführung der betrieblichen Zwecke verwendet worden sind.

7.2 Gliederung[1]

Die Aktivseite wird nach zunehmender Liquidität geordnet, die Passivseite nach zunehmender Dringlichkeit der Rückzahlung des Kapitals. Das AV ist dabei vertikal und horizontal zu gliedern.[2]
Es wird mit langfristig gebundenen Vermögensteilen bzw. mit den langfristig verfügbaren Kapitalteilen begonnen und als letzter Posten erscheinen sofort realisierbare Vermögensteile bzw. sofort fällige Verbindlichkeiten.

Im § 131 AktG 1937 wurde nicht verlangt, Forderungen und Verbindlichkeiten nach ihrer Laufzeit zu gliedern, das erschwerte die Beurteilung der Liquidität. Im neuen AktG 1965 (§ 151 Abs. 1) spielen die Laufzeiten eine besondere Rolle. So sind z.B. gesondert auszuweisen: Ausleihungen mit einer Laufzeit von mehr als vier Jahren, Verbindlichkeiten mit einer Laufzeit von mindestens vier Jahren und derjenige Teil dieser Verbindlichkeiten, der vor Ablauf von vier Jahren fällig wird.

Die beschriebene Gliederung der Bilanz erleichtert also die Bilanzanalyse und die Isolierung des "working capital".

---

[1] Es ist zu empfehlen, daß Sie für die Lektüre dieses Kapitels stets die im § 151 AktG vorgeschriebene Gliederung offen danebenliegen haben.

[2] Vgl. dazu: WP-Handbuch 1978, a.a.O., S. 571 ff.

Abb. 10

Anlage- vermögen	langfristiges Kapital	
Umlauf- vermögen		working capital
	kurfristiges Kapital	

Am Überschuß (= working capital)
des langfristigen Kapitals über die
langfristigen Vermögensteile sieht
man, in welchem Umfang der Betrieb
ohne Aufnahme von Fremdkapital
sein Anlagevermögen erweitern kann.

Das working capital gilt als Ausweis dafür, wie vorsichtig der Betrieb finanziert
und wie groß seine Expansionsfähigkeit ist. Besonders zu beachten ist hier, daß
bei langsamen Umschlag des Vorratsvermögens u.U. langfristig finanziert werden muß.

Obwohl die Bilanz von "rechts nach links" zu lesen ist, schließen wir uns der
üblichen Einteilung an und beginnen mit der Erklärung der Bilanzposten auf
der Aktivseite.

7.3 Die Aktivseite der Bilanz

7.3.1 Anlagevermögen

Wie schon ausgeführt, werden als Anlagevermögen alle jene Vermögenswerte
bezeichnet, die dazu bestimmt sind, dem Betrieb dauernd zu dienen (§ 152 AktG).
Es handelt sich dabei um Vermögensgegenstände, mit denen das Geschätt-
betrieben wird und ohne die der Betriebszweck nicht erreicht werden könnte.

(A) Sachanlagen und immaterielle Anlagewerte
1. Grundstücke und grundstücksgleiche Rechte **mit Geschäfts-, Fabrik-
und anderen Bauten;**
2. Grundstücke und grundstücksgleiche Rechte **mit Wohnbauten;**
3. Grundstücke und grundstücksgleiche Rechte **ohne Bauten;**
4. Bauten auf fremden Grundstücken, die nicht zu Nr. 1 oder 2 gehören;

bewegliches Anlagevermögen:
5. Maschinen und maschinelle Anlagen;
6. Betriebs- und Geschäftsausstattung;

7. Anlagen im Bau und Anzahlungen auf Anlagen

Diese Gegenstände sind also nicht für den kurzfristigen Umlaufprozeß bestimmt
und eine Veräußerung kommt nur in Betracht, wenn sie dem Unternehmen
nicht mehr genügen und durch neuzeitliche ersetzt werden sollen.

8. Konzessionen, gewerbliche Schutzrechte und ähnliche Rechte sowie Lizenzen an solchen Rechten;

Hierher gehören
(1) Rechte
 — (a) Konzessionen
 — (b) gewerbliche Schutzrechte (Patente, Lizenzen, Marken-, Urheber- und Verlagsrechte, Gebrauchsmuster und Warenzeichen)
 — (c) sonstige Rechte, z.b. Brenn- und Braurechte, Nutzungsrechte, Zuteilungsquoten, Syndikatsrechte
(2) Sonstige immaterielle Anlagewerte
 — Erfindungen, Rezepte, Geheimverfahren, Organisationssysteme, Know how, etc.

Für immaterielle Anlagewerte darf ein Aktivposten nur angesetzt werden, wenn sie entgeltlich erworben wurden. Für im Betrieb geschaffene immaterielle Anlagewerte besteht also Aktivierungsverbot (§ 153 Abs. 3 AktG).

(B) Finanzanlagen
1. Beteiligungen
2. Wertpapiere des AV, die nicht zu No. 1 gehören;
3. Ausleihungen mit einer Laufzeit von mindestens vier Jahren;

Sonderposten des AV
a) Kosten der Ingangsetzung des Geschäftsbetriebes; § 153 Abs. 4, Satz 2
b) Derivativer Geschäfts- oder Firmenwert; § 153 Abs. 5, Satz 2
c) Verschmelzungsmehrwert; § 348 Abs. 2

Der Grund für die Unterscheidung zwischen dem **derivativen** und **originären Erwerb** ist, daß beim entgeltlichen Erwerb auf dem Markt eine Entscheidung über den Wert des gekauften Gutes gefällt wird. Diese Bestätigung durch den Markt rechtfertigt die Aktivierung. Ansonsten liegt nur subjektives Ermessen des Kaufmanns vor.

Auswirkungen für das Steuerrecht:
Es stand bisher grundsätzlich auf dem Standpunkt, daß auch unkörperliche Güter, die im eigenen Betrieb geschaffen wurden, zu aktivieren sind, vorausgesetzt, daß ein selbständig bewertbares Wirtschaftsgut entsteht (z.B. für die Vorteile aus einem einmaligen Werbefeldzug, eigene Erfindungen etc.).

Durch den § 153 Abs. 3 AktG muß aber das Steuerrecht eine neue Position beziehen, d.h. nur noch bei entgeltlichem Erwerb Aktivierung.
Im alten AktG hieß es lediglich, daß für den Geschäfts- oder Firmenwert kein Aktivposten eingesetzt werden darf, es sei denn, er wurde entgeltlich erworben.

7.3.1.1 Das Abschreibungsproblem

Charakteristisch für die Anlagegüter ist, daß sie meist in ihrem Wert nicht erhalten werden können, vielmehr sowohl durch Benutzung als auch durch sonstige Einflüsse (z.B. technischer Fortschritt, Preissenkungen) einer dauernden Wertminderung unterworfen sind, die bis auf einen Substanzwert (bei Maschinen der Schrottwert) zur Wertvernichtung führen kann.

Diese Wertvernichtung vollzieht sich innerhalb der Nutzungsdauer der abnutzbaren Sachgüter. Man errechnet auf Grund der Nutzungsdauer der Vermögenswerte den Wertverlust für das einzelne Geschäftsjahr und rechnet diesem den Wertverlust als Jahresaufwand zu (= jährliche Abschreibung).

Die Abschreibung ist also der Aufwand, der einer Abrechnungsperiode für die Wertminderung materieller und immaterieller Gegenstände des Anlagevermögens zugerechnet wird.

Nach **statischer** Bilanzauffassung[1] sind Abschreibungen ein Mittel zur **Wertangleichung** für die zu hoch zu Buch stehenden Werte des Anlagevermögens. Abschreibungsbetrag = Korrekturbetrag.
Die Höhe der Abschreibung orientiert sich an der Vermögenswert-Änderung.

Dynamische Bilanzinterpretation:[2] Abschreibungen sind ein Mittel der **Verteilung von Ausgaben** (Anschaffungskosten der Anlagegüter), die erst später Aufwand werden (diese Interpretation hat Eingang sowohl in das Handels- als auch Steuerrecht erhalten).

Nach **organischer** Bilanzauffassung:[3] Abschreibungen sind ebenfalls Maßnahmen der Aufwandverteilung (= Kostenverteilung), außerdem ist sie **Erneuerungsrücklage**; Abschreibung nach dem Wiederbeschaffungspreis.

Für die Bemessung der Abschreibung gibt es zwei Quellen:

(1)   technische Ursache:
        a) technischer Verschleiß (z.B. Korrosion) – zeitfunktional
        b) Verminderung durch technische Nutzung (Substanzminderung
           z.B. im Bergbau)
(2)   wirtschaftliche Ursache:
        Wertminderung durch technische Überholung (technischer Fortschritt)
        Bedarfsverschiebung am Markt etc.

---

[1] Vgl. dazu Seite 10

[2] Vgl. dazu Seite 5

[3] Vgl. dazu Seite 9

Die Abschreibung hat als Finanzierungsfaktor große Bedeutung (vgl. Kapital-freisetzungseffekt = **Lohmann – Ruchti – Effekt:** [1]

In den Verkaufspreisen der hergestellten Erzeugnisse wird der Abschreibungs-wert für die Anlagennutzung in der Regel früher vergütet, als er für die ver-schleißbedingte Erneuerung der Anlagegüter benötigt wird, von denen die Abschreibungsbeträge stammen. Dies bedeutet, daß die Verflüssigung des im Anlagevermögen gebundenen Kapitals und das Ausscheiden verbrauchter Anlagegüter aus dem Produktionsprozeß zeitlich auseinanderfallen.

Werden die in diesem Sinne vorweggenommenen Abschreibungsbeträge laufend reinvestiert, so führt das zu einer Anlagenexpansion, ohne daß es (theoretisch) der Zuführung neuer Mittel (z.B. durch Aufnahme von Fremdkapital) bedarf.

7.3.1.2 Arten der Abschreibung

Eingeteilt nach den Teilbereichen des betrieblichen Rechnungswesens:
(a) bilanzmäßige Abschreibung
(b) kalkulatorische Abschreibung.

(a) **bilanzmäßige** Abschreibung:
Verteilung der Anschaffungskosten eines Wirtschaftsgutes auf die Jahre der Nutzung als Aufwand in der Erfolgsrechnung. Diese Ver-teilung erfolgt nicht entsprechend dem Wertverzehr, sondern be-triebspolitischen Zweckmäßigkeiten (z.B. aus dem Bestreben heraus, die Gewinne eines Unternehmens – natürlich im Rahmen der ge-setzlichen Vorschriften – möglichst niedrig zu halten, was zu höhe-ren Abschreibungssätzen führt).

(b) **kalkulatorische** Abschreibung:
Nach der effektiven Nutzungsdauer berechnete, verbrauchsbedingte Abschreibung. Sie endet nicht, wenn die Anschaffungskosten amor-tisiert sind, sondern wird solange fortgesetzt, wie das Wirtschaftsgut noch verwendet wird.

Die kalkulatorische Abschreibung wird als Kostenart den Leistungen (Kosten-träger) zugerechnet.
Sie wird unabhängig vom Anschaffungswert nach den Zwecken der Kalkula-tion durchgeführt (bilanzmäßige Abschreibung hingegen = Perioden- und Anschaffungswertabschreibung).
Die kalkulatorische Abschreibung wird laufend in der Betriebsabrechnung zur Selbstkostenermittlung durchgeführt. Meist wird vom Tageswert abgeschrieben.
Beide Abschreibungsarten werden meistens gleichzeitig angewandt.

---

[1] Vgl. dazu: Groß, A./Florentz, X., Finanzierung, 5. Aufl., VVF-Verlag, München 1978.

Teilt man die Abschreibungen nach der Buchungsmethode ein, unterscheidet man in **direkte** und **indirekte Abschreibung.**

7.3.1.3 Berechnung der Abschreibung

a) **lineare** (konstante) Abschreibung:
Jede Wirtschaftsperiode wird mit einem gleichen Abschreibungssatz belastet. **Bei dieser Abschreibungsart wird eine konstante Gebrauchsfähigkeit des Wirtschaftsgutes unterstellt.** Meist treten aber, nicht wie vorausgesetzt Reparaturen gleichmäßig über die Nutzungsdauer verteilt auf, sondern sie fallen am Ende der Nutzungsdauer an —— der jährliche Aufwand für die Anlage nimmt trotz konstanter Abschreibung zu.
Außerdem berücksichtigt sie plötzliche Wertminderungen nicht (z.B. durch technischen Fortschritt).

b) **degressive** Abschreibung:
(auch geometrisch degressive oder Buchwertabschreibung genannt).
Sinkende Abschreibungsquoten, d.h. im ersten Jahr der Nutzung ist die Quote am höchsten, im letzten am geringsten.
Seit 1958 ist diese Abschreibungsart auch vom Steuerrecht anerkannt (mit Ausnahme für unbewegliche Anlagegüter, für die lineare Abschreibung bindend ist).
Diese Restwertabschreibung führt zu einer starken Belastung der ersten Nutzungsjahre der Anlage zugunsten späterer Jahre, sie entspricht jedoch besser der wirklichen Wertminderung, die infolge der fortschreitenden technischen Entwicklung erfahrungsgemäß in den ersten Nutzungsjahren am stärksten ist.

Diese Abschreibungsmethode läßt sich auch mit dem Prinzip der Vorsicht begründen und berücksichtigt außerdem Nachfrageverschiebungen und Preisänderungen.

Die Tabelle gibt eine Übersicht über die Bemessung der Abschreibungssätze bei linearer und degressiver Abschreibung:
Anschaffungswert = 10.000, Nutzungsdauer = 8 Jahre

Jahr	a) linear		b) degressiv	
	12,5%	Restwert	20%	Restwert
1	1250	8750	2000	8000
2	1250	7500	1600	6400
3	1250	6250	1280	5120[+)]
4	1250	5000	1024	
.				
.				
.				
8	1250	0	1024	0

+) = Übergang von der degressiven zur **linearen Abschreibung** 5120 : 5 = 1024

Abb. 11

59

Dieser Übergang ist auch steuerrechtlich zulässig, wobei sich die lineare Abschreibung vom Zeitpunkt des Übergangs an nach dem Restwert und der Restnutzungsdauer bemißt. Dieser Übergang ist dann vorteilhaft, wenn der degressive Abschreibungsbetrag unter den Betrag sinkt, der sich bei linearer Abschreibung vom Restwert auf die Dauer der Restnutzung ergibt.
Der Übergang von der linearen zur degressiven Abschreibung ist steuerrechtlich nicht statthaft (§ 7 Abs. 3 EStG).

Die degressive Abschreibung erlaubt also ein schnelleres Abschreiben (vorausgesetzt, daß auch die Gewinne vorhanden sind).
Je höher die Abschreibungsraten zulässig sind, desto mehr kann die Industrie expandieren.
Da man aber fürchtete, daß die Konjunktur durch zu hohe Abschreibungsraten "überhitzt" wird, darf seit 1960 die degressive Abschreibung nur das 2-fache der linearen ausmachen und höchstens 20 % des Anschaffungswertes betragen, – diese Werte ändern sich aber je nach Konjunkturlage, (vgl. EStG).
Zur Konjunktursteuerung wurde 1973 zeitweise die degressive Abschreibungsmethode ausgesetzt.
Die Umkehrung der degressiven Abschreibungs-Methode ist die progressive (sie ist aber wenig bedeutsam).

c) die **arithmetisch degressive** Abschreibung:
Diese Abschreibungsart liegt zwischen der linearen und der geometrischen degressiven Abschreibung.
Hier vermindern sich die Abschreibungsquoten jährlich um den gleichen Betrag.
Die bekannteste dieser Abschreibungsart ist die digitale.
Man addiert die Jahresziffern der geschätzten Nutzungsdauer und dividiert die Anschaffungskosten durch die erhaltene Summe.

Beispiel: Nutzungsdauer = 5 Jahre, Anschaffungswert = 15.000

$$\frac{15000}{15} = 1000 = \text{Degressionsbetrag}$$

$1 + 2 + 3 + 4 + 5 = 15$ **Abb. 12**

Jahr	D	Jahresziffer in fallender Reihe x Degressionsbetrag	Abschreibung	Restwert
1	1000	5 x 1000	5000	10000
2	1000	4	4000	6000
3	1000	3	3000	3000
4	1000	2	2000	1000
5	1000	1	1000	0

15000

Dieses Beispiel wäre steuerrechtlich nicht zulässig, da sich für das erste Jahr
der Nutzung und für die ersten drei Jahre der Nutzung insgesamt höhere
Absetzungen ergeben (mehr als 20%). Die Abschreibungsbeträge lauten:

im ersten Jahr 5/15 (= 33 1/3 %), im 2. 4/15, im 3. 3/15 usw.

Steuerrechtlich zulässig wäre:
Anschaffungswert = 5500, Nutzungsdauer = 10 Jahre

$1 + 2 + 3 \ldots\ldots + 10 = 55$ 5500 : 55 = 100 = Degressionsbetrag

Die Abschreibungsbeträge lauten:
im ersten Jahr 10/55 (= 18 %), im 2. 9/55 = 900, im 3. 8/55 = 800

Die arithmetische Degression läßt Abwandlungen zu, auf die hier der geringen
praktischen Bedeutung wegen nicht eingegangen werden soll. In der Praxis
wird von der arithmetisch degressiven Abschreibung nur wenig Gebrauch gemacht (sie muß aber beherrscht werden!).

d) **Abschreibung nach der Leistung**
   Normalerweise entspricht die Lebensdauer der Nutzungsdauer. Die Leistung
   kann aber schon früher nachlassen (z.B. bei hochwertigen Automaten). Deshalb wird bei diesem Verfahren nicht die Lebensdauer, sondern die mögliche
   Leistungsabgabe geschätzt.

   Beispiel: Anschaffungswert einer Maschine = 1000, sie fertigt
              in jährlich 1800 Stunden Laufzeit 1000 Erzeugnisse

   Abschreibung je Arbeitsstunde = $\dfrac{\text{Anschaffungswert } 1000}{\text{Arbeitsstunden } 1800} = 0{,}55$

   Abschreibung je Erzeugnis   = $\dfrac{\text{Anschaffungswert } 1000}{\text{Zahl der Erzeugnisse } 1000} = 1{,}-$

Wenn sich die Leistungsabgabe messen läßt, ist diese Methode betriebswirtschaftlich empfehlenswert.

Steuerrechtlich ist diese Abschreibungsart nur dann zulässig, wenn die auf
das einzelne Jahr entfallende Leistung nachgewiesen wird (z.B. Zählwerke
bei Spezialmaschinen, Kilometerzähler bei Kraftfahrzeugen).

e) **Sonderabschreibungen**
   Die Sonderabschreibungen sind meist Zusatzabschreibungen (Siebenerreihe
   des EStG).
   Sie haben steuerpolitische Bedeutung: erhöhte Absetzungen für Wohnge-
   bäude; Flüchtlingen, Vertriebenen und Verfolgten wird Bewertungsfreiheit
   für bestimmte Anlagevermögen gewährt etc.

Im Ergebnis sind die Steuervergünstigungen teils echte Steuereinsparungen, teils haben sie die Wirkung der Gewinnverlagerung mit dem Ergebnis, daß eine Steuerersparnis von der Entwicklung des Gewinns bei dem Steuerpflichtigen und von der Höhe der Tarife in der Zukunft abhängt.
Wegen der Maßgeblichkeit der HB für die StB müssen in der HB mindestens so hohe Sonderabschreibungen vorgenommen werden wie in der StB.

Bei mehrschichtigen Betrieben gewährt das Steuerrecht Abschreibungszuschläge:
bei 2 Schichten 25 %
bei 3 Schichten 50 %

Steuerlich vollkommen unstatthaft ist es, die Abschreibungen nach dem Jahresertrag zu bemessen und in guten Jahren viel, in schlechten wenig oder gar nichts abzusetzen.
Außerdem dürfen aber auch zu Unrecht unterlassene Abschreibungen in der StB nicht nachgeholt werden (in der HB müssen sie).

7.3.2 Umlaufvermögen

Zum Umlaufvermögen zählen alle Gegenstände, die nicht dauernd zum Geschäftsbetrieb gehören, die verbraucht werden, bzw. Gegenstände, die durch ihre Zweckbestimmung zum UV gehören (z.B. Wertpapiere, die der Liquiditätsreserve dienen).

Das Umlaufvermögen setzt sich, im Gegensatz zum Anlagevermögen, in fortlaufendem Kreislauf immer wieder um.
Für Geld werden Waren gekauft, die wieder für Geld oder Eintragung von Forderungen verkauft werden.
Natürlich ist dieser Prozeß bei den einzelnen Teilen des UV zeitlich verschieden.
Den Hauptposten des Umlaufvermögens machen die Vorräte aus.

7.3.2.1 Vorräte

Vorräte sind auf Lager befindliche, für den Produktionsprozeß oder den Absatz bestimmte Waren und Stoffe:
  (a)   Roh-, Hilfs- und Betriebsstoffe,
  (b)   halbfertige (unfertige) Erzeugnisse
          (bei Dienstleistungsbetrieben: in Arbeit befindliche Aufträge)
  (c)   fertige Erzeugnisse, Waren.

Die Bewertung der Halb- und Fertigfabrikate ist problematisch, da der Marktpreis in die Bewertungsüberlegung einbezogen werden muß.
Herstellwerte und Marktwerte müssen bei Fertigfabrikaten verglichen werden.
Der niedrigere Wert ist der nach Handelsrecht maßgebliche.
Schwierig ist die Bewertung der unfertigen Erzeugnisse, hier muß der Reifegrad berücksichtigt werden (rückgerechneter, anteiliger Marktwert).

Grundsätzlich gilt das **Prinzip der Einzelbewertung**. Da aber die Anschaffungskosten bei Waren und Rohstoffen verschiedener Lieferungen, die in einer Periode gelagert und vermischt werden, unterschiedlich hoch sind, ist es nicht möglich, die genauen Anschaffungskosten der als Endbestand verbleibenden Mengen zu ermitteln.

Deshalb muß hier eine **Sammelbewertung** vorgenommen werden.

Folgende Methoden sind möglich:

a) **Fifo-Verfahren** (first in — first out):
   Es wird unterstellt, daß jeweils die ältesten Bestände zuerst verbraucht werden.
   Man bewertet also den Bestand in der Schlußbilanz mit den Preisen der zuletzt gekauften Waren.
   Dieses Verfahren ist **bei sinkenden Preisen** empfehlenswert (die zuletzt und am billigsten gekauften Waren bleiben als Endbestand; Aspekt: vorsichtige Bilanzierung).

b) **Lifo-Verfahren** (last in — first out):
   Diese Methode geht davon aus, daß die zuletzt bezogenen Waren zuerst verbraucht werden. Der mengenmäßige Bestand wird mit den älteren (= niedrigeren) Preisen der zuerst gekauften Waren bewertet. Diese Bewertungsmethode ist **bei steigenden Preisen** angebracht.
   Die Preissteigerungen neutralisieren teilweise die Wirkung der Preissteigerung auf den Bilanzwert der Bestände.
   Der Ausweis von Scheingewinnen wird eingeschränkt.

c) **Hifo-Verfahren** (highest in — first out):
   Die am teuersten eingekauften Waren werden zuerst verbraucht. Bei der Bewertung des Endbestandes werden die niedrigstmöglichen Wertansätze gewählt.
   Dieses Verfahren ist ebenfalls wie das Fifo-Verfahren bei sinkenden Preisen angebracht.

   Steuerrechtlich kann keines der genannten Verfahren ohne weiteres Anwendung finden, es sei denn, es wird glaubhaft gemacht, daß in der Regel die zuletzt beschafften Waren zuerst verbraucht worden sind (Lifo); körperlicher Nachweis, nur bei wertvollen Gegenständen angebracht, sonst kaum durchführbar.

d) **Festpreise** (eiserne Bestand-Bewertung):
   Die Festbewertung wird steuerrechtlich nur auf Grund besonderer Vereinbarungen mit dem Finanzamt anerkannt.
   Vorräte werden über mehrere Perioden hinweg zu Festpreisen bilanziert.
   Es wird ein Mindestbestand festgesetzt. Bei Preissteigerungen werden die

Güter zwar mit höheren Preisen beschafft, die Menge des eisernen Bestandes wird jedoch – ungeachtet des tatsächlichen Anschaffungspreises dieser Menge – mit dem Festpreis angesetzt . Damit werden wenigstens an den eisernen Beständen Scheingewinne vermieden, was zur Substanzerhaltung beiträgt und den Periodengewinn vergleichbarer macht.
Der Festwert muß aber so niedrig gewählt werden, daß auch bei Preisverfall unter den Anschaffungswert keine Verletzung des Niederstwertprinzips entsteht (diese Methode wurde schon von SCHMALENBACH empfohlen).

e) **Gewogene Durchschnittspreise**
In den Fällen, in denen bei Bestandsermittlung eine Trennung der zu verschiedenen Preisen erworbenen Güter nicht durchführbar ist, muß die Bewertung nach dem gewogenen Mittel der im Laufe des Wirtschaftsjahres vorhandenen Vorräte erfolgen.
Diese Art der Bestandsermittlung ist am weitesten verbreitet.

7.3.2.2 Forderungen

Der Begriff der Forderungen umfaßt alle Forderungen im Rechtssinn, ohne Rücksicht auf Entstehungsgrund, Sicherheit oder Fristigkeit. Die wichtigsten Forderungen sind alle aus Lieferungen oder Leistungen herrührenden Geldansprüche (Debitoren).

Für die Bewertung in der Bilanz unterteilt man die Forderungen aus Lieferungen und Leistungen in

(a) solvente oder sichere bzw. zahlungsfähige,
(b) in zweifelhafte oder dubiose und in
(c) uneinbringliche.

Das HGB schreibt vor, daß zweifelhafte Forderungen nach ihrem wahrscheinlichen Wert anzusetzen, uneinbringliche Forderungen abzuschreiben sind.
Sie sind dann abzuschreiben, wenn man die Zahlungsunfähigkeit des Schuldners erkennt, auch wenn die Zahlungseinstellung erst nach dem Bilanz-Stichtag erfolgt (die Wertberichtigung kann aktivisch (direkt) oder passivisch (indirekt) erfolgen).

Forderungen entstehen ab Rechnungserteilung, aus dem Fertigfabrikat ist in diesem Augenblick eine Forderung geworden.
Forderungen müssen immer brutto ausgewiesen werden, sie dürfen nicht mit Verbindlichkeiten saldiert werden (eine Saldierung ist nur möglich, wenn es sich um gleichartige Verbindlichkeiten gleicher Fristigkeit mit der gleichen Unternehmung handelt).
Forderungen dürfen nur bei gleicher Art und Fristigkeit zusammengefaßt werden.

Die Umsatzsteuer wird erst bei Geldeingang fällig (braucht also nur bei Soll-Versteuerung berücksichtigt werden).

Bewertung der Forderungen nach Handelsrecht:
Forderungen müssen trotz ihrer Befristung mit dem Nennbetrag als Anschaffungswert eingestellt werden, Diskontierungen für den Bilanzstichtag sind im allgemeinen nicht üblich.

Bewertung der Forderungen nach Steuerrecht:
Der Nennwert als Anschaffungswert oder der geringere Teilwert.
Die Absetzung für zweifelhafte Kunden finden steuerrechtlich Anerkennung, wenn sie sich auf sorgfältige Prüfungen bei Einzelposten oder auf Erfahrungstatsachen stützen.

7.3.3 Die einzelnen Positionen des Umlaufvermögens in vertikaler Gliederung

(A) Vorräte
- (1) Roh-, Hilfs- und Betriebsstoffe
- (2) Unfertige Erzeugnisse (bzw. in Arbeit befindliche Aufträge)
- (3) fertige Erzeugnisse, Waren

(B) Andere Gegenstände des UV
- (1) geleistete Anzahlungen, soweit sie nicht zum AV gehören
- (2) Forderungen aus Lieferungen und Leistungen, davon mit einer Restlaufzeit von mehr als einem Jahr
- (3) Wechsel, davon bundesbankfähig
- (4) Schecks
- (5) Kassenbestand, Bundesbank- und Postscheckguthaben
- (6) Guthaben bei Kreditinstituten
- (7) Wertpapiere, die nicht zu (3), (4), (8) oder (9) oder ins AV gehören
- (8) eigene Aktien unter Angabe des Nennbetrages
- (9) Anteile an einer herrschenden oder an der Gesellschaft mit Mehrheit beteiligten Kapitalgesellschaft oder bergrechtlichen Gewerkschaft unter Angabe ihres Nennbetrages, bei Kuxen ihrer Zahl
- (10) Forderungen an verbundene Unternehmen
- (11) a. Forderungen aus Krediten, die unter § 89 AktG fallen
        b. Forderungen aus Krediten, die unter § 115 AktG fallen
- (12) sonstige Vermögensgegenstände

7.3.4 Rechnungsabgrenzungsposten

Rechnungsabgrenzungsposten dienen der Ermittlung des richtigen Periodengewinns. Diese Bilanzansätze haben den Zweck, Aufwand und Ertrag periodengerecht zu verteilen. Aufwendungen und Erträge müssen in denjenigen Jahren erscheinen, die sie wirtschaftlich zu tragen haben.

Das neue AktG (§ 152 Abs. 9) bestimmt nunmehr, daß als Rechnungsabgrenzung nur noch folgende Posten ausgewiesen werden dürfen:

(1) Auf der Aktivseite Ausgaben vor dem Abschlußstichtag, soweit sie Aufwand für eine bestimmte Zeit nach diesem Tag darstellen;

(2) Auf der Passivseite Einnahmen vor dem Abschlußstichtag, soweit sie Ertrag für eine bestimmte Zeit nach diesem Tag darstellen!

Diese Bestimmung erlaubt eine Rechnungsabgrenzung also nur noch für die sogenannten transitorischen Posten (Zahlungsvorgänge im laufenden Geschäftsjahr, Aufwand und Ertrag liegen in einem späteren Zeitpunkt).

Die sogenannten antizipativen Rechnungsabgrenzungsposten (Aufwand und Ertrag im laufenden Geschäftsjahr, die entsprechenden Zahlungsvorgänge später) sind also nach neuem Aktienrecht nicht mehr erlaubt.

Eine noch weitergehende Einengung dieser Vorschrift verbietet sogar den Ausweis der sogenannten transitorischen **Rechnungsabgrenzungsposten im weiteren Sinne** (z.B. Reklame- oder Entwicklungskosten). Diese Ausgaben des laufenden Geschäftsjahres führen in einem späteren Zeitpunkt zu irgendeinem (zeitlich nicht genau definierbaren) künftigen Nutzen. Die neue Auffassung geht dahin, daß diese Ausgaben nicht zu einem aktivierungsfähigen Wirtschaftsgut führen und daher nicht als Rechnungsabgrenzungsposten ausgewiesen werden dürfen.

Beispiel: Transitorisches Aktivum: Versicherung für die Zeit Oktober bis März vorausbezahlt.
Da 1/2 der Versicherung das kommende Geschäftsjahr betrifft: transitorischer Aktivposten in der Höhe der halben Versicherungssumme.
Transitorisches Passivum: Im Dezember erhaltene Mietvorauszahlung für Monat Januar.
Die im Dezember erfolgte Verbuchung als Ertrag muß korrigiert werden durch ein transitorisches Passivum in Höhe der vorausbezahlten Miete.

7.4 Die Passivseite der Bilanz

7.4.1 Eigenkapital

In seiner ursprünglichen Form stellt das Kapitalkonto den Saldo zwischen Aktiven und Verbindlichkeiten dar, wobei der Begriff Kapital stets als Eigenkapital aufgefaßt wird.

Nach **statischer** Bilanzauffassung zeigt das Kapital den jeweiligen Vermögensstand des Betriebes am Bilanzstichtag.

In **dynamischer** Betrachtungsweise wird in der Bilanz mittels des Kapitalkontos gleichzeitig auch das Betriebsergebnis zum Ausdruck gebracht:
Endbestand des Kapitalkontos ./. Anfangsbestand des Kapitalkontos + Entnahmen ./. Einlagen = Betriebsergebnis (Gewinn oder Verlust). Man unterscheidet zwischen variablem und konstantem Eigenkapital.

Bei Einzelunternehmungen (OHG, KG, stillen Ges.) sind die eigenen Mittel gewöhnlich in einem Posten vorhanden, der als Eigenkapital ausgewiesen wird. Bei ihnen verändern sich die Kapitalien durch Gewinne und Verluste bzw. Entnahmen und Einlagen (für KGs mit Einschränkungen).

Auch bei Körperschaften sind Entnahmen und Einlagen über ein Gesellschaftskonto möglich.

Sie führen aber zu keiner Kapitalveränderung. Bei der Körperschaft darf das Eigenkapital nicht ohne Zustimmung der Gesellschafter zurückgezahlt werden (Aspekt: Gläubigerschutz).

Verluste können bei der Körperschaft nicht vom Kapital abgesetzt werden, sondern sie müssen durch Rücklagen oder Verlustvortrag gedeckt werden.

Ebenso dürfen Gewinne nicht auf das Grundkapital bzw. Stammkapital (bei GmbH) übertragen werden.

Bei Versicherungsgesellschaften wird der Eigenkapitalbetrag nicht eingetragen, da er vor allem bei Lebensversicherungen ganz gering ist.

Der Ertrag auf dieses kleine Eigenkapital ist aber sehr hoch, was an den hohen Kursen der Versicherungs-Aktien abzulesen ist.

Natürlich dürfen auch Einzelunternehmungen oder Personengesellschaften die Kapitalveränderung durch Gewinn oder Verlust in Sonderposten der Bilanz ausweisen. Den Aktiengesellschaften ist dies aber zur Pflicht gemacht.

§ 151 AktG führt auf der Passivseite unter I. das Grundkapital an und in § 152 Abs. 3 AktG wird bestimmt, daß darunter die Gesamtnennbeträge der Aktien jeder Gattung gesondert anzugeben sind.

Der Überschuß der Aktivposten über die Passivposten (Bilanzgewinn) oder der Überschuß der Passivposten über die Aktivposten (Bilanzverlust) ist am Schluß der Bilanz gesondert auszuweisen.

Ein vorjähriger Gewinn- oder Verlustvortrag ist zu vermerken.

7.4.2 Offene Rücklagen

Offene Rücklagen sind gebundene Teile des Eigenkapitals, die in der Bilanz für bestimmte Zwecke gebildet werden. Als Gewinnbestandteile sind sie steuerpflichtig, auch wenn sie in der Handelsbilanz den Gewinn gemindert haben. In diesem Falle muß außerhalb der Bilanz eine Zurechnung zum übrigen steuerpflichtigen Gewinn erfolgen. Im Hinblick auf die Besteuerung werden gesetzliche und freie Rücklagen gleich behandelt.

Die Rücklagen dienen der Sicherung im Falle von Verlusten, sie verbessern die finanzielle Basis der Unternehmung und können deshalb zur Finanzierung verwandt werden.

Sie können als Kapitalansammlung für voraussichtliche oder unerwartete Ausgaben (Ausgabenreserven) gebildet worden sein.

Es gibt folgende Arten von offenen Rücklagen:

(a) die gesetzlichen Rücklagen
(b) die statutarischen Rücklagen
(c) die freien Rücklagen
(d) die Rücklage für die Lastenausgleichs-Vermögensabgabe

7.4.2.1 Die gesetzliche Rücklage (§ 150 AktG)

Diese Rücklage ist in ihrer Verwendung an gesetzliche Bestimmungen gebunden.

Sie ist zum Ausgleich von Wertminderungen und zur Deckung von sonstigen Verlusten aus Gewinnteilen zu bilden.

Diese Gewinnrücklage ist die vordringlichste Aufgabe der Gewinnverwendung und umfaßt so lange 5 % des **Jahresüberschusses** (mehr als 5 % können nach neuem AktR nicht mehr in die gesetzliche Rücklage eingestellt werden), bis die Rücklage den zehnten oder den in der Satzung vorgesehenen höheren Teil des Grundkapitals erreicht.

Die vorgeschriebene Rücklage ist nicht nur allein aus zurückbehaltenem Gewinn zu bilden, in sie sind auch noch Beträge einzustellen, die eine AG bei Ausgabe von Aktien über den Nennwert hinaus erhält, und außerdem Zuzahlungen der Aktionäre, die ihnen Vorzugsrechte gewähren sollen (§ 150 AktG).

Im neuen AktR hat der Gesetzgeber die Vorschriften über die Verwendung der gesetzlichen Rücklage geändert. Das Ziel der Änderung soll sein, daß die gesetzliche Rücklage stärker als bisher die "letzte Reserve" des Unternehmens bleibt.

Nach altem AktR konnte die gesetzliche Rücklage zu den zulässigen Zwecken (Ausgleich von Wertminderungen, Deckung sonstiger Verluste) auch dann verwandt werden, wenn freie Rücklagen vorhanden waren.

Jetzt dürfen 10 % der gesetzlichen Rücklage nicht zur Deckung von Verlusten verwandt werden, wenn diese durch freie Rücklagen, einen Jahresüberschuß oder einen Gewinnvortrag ausgeglichen werden können. Auch der darüber hinausgehende Teil der gesetzlichen Rücklage darf nur dann zur Verlustdekkung herangezogen werden, soweit nicht ein Gewinnvortrag aus dem vorausgegangenen Geschäftsjahr oder ein Jahresüberschuß zur Verfügung steht und soweit nicht gleichzeitig freie Rücklagen zur Gewinnausschüttung aufgelöst werden.

7.4.2.2 Statutarische Rücklagen

Diese Rücklagen sind nicht durch Gesetz, sondern durch die Satzung einer Gesellschaft vorgeschrieben, sie werden ebenfalls zu Lasten des Gewinns gebildet. Ihre Auflösung ist nur nach Maßgabe der Satzungsbestimmungen möglich.

7.4.2.3 Freie Rücklagen

Nach altem AktG war es Sache von Vorstand und Aufsichtsrat über Bildung und Auflösung von freien Rücklagen zu entscheiden. Es konnte also z.b. bestimmt werden, daß der Gewinn ganz oder überwiegend den Rücklagen zugeführt wurde.

Das neue AktG will aber eine zu große Minderung des Bilanzgewinns vermeiden.

Die Auflösung freier Rücklagen ist nach wie vor uneingeschränkt zulässig, sie ist aber in der Bilanz bzw. in der GuV-Rechnung kenntlich zu machen.

§ 58 AktG schreibt nunmehr vor:

(a) Stellt die Verwaltung den Abschluß fest, so darf sie höchstens die Hälfte des Jahresüberschusses den freien Rücklagen zuweisen. Die Hauptversammlung kann aber in der Satzung die Verwaltung zur Einstellung eines größeren Teils ermächtigen (theoretisch den gesamten Jahresüberschuß). Sobald allerdings die freien Rücklagen die Hälfte des Grundkapitals erreicht haben, dürfen auf Grund einer solchen Satzungsbestimmung keine Beträge mehr zurückgelegt werden. Die Verwaltung darf dann nur noch die Hälfte des Jahresüberschusses als Rücklage bilden.

(b) Stellt die Hauptversammlung den Jahresüberschuß fest, so darf sie freie Rücklagen nur bilden, wenn sie dazu nach der Satzung verpflichtet ist. Auch hier liegt die Höchstgrenze bei der Hälfte des Jahresüberschusses (diese Regelung hat bisher keine große Bedeutung erlangt, da die meisten Gesellschaften nicht bereit sind, sich einem satzungsmäßigen Zwang zur Bildung freier Rücklagen zu unterwerfen).

Das AktG bestimmt außerdem, daß bei offenen Rücklagen **gesondert** auszuweisen sind:

(a) die Beträge, die die Hauptversammlung aus dem Bilanzgewinn des Vorjahres eingestellt hat,

(b) die Beträge, die aus dem Jahresüberschuß des Geschäftsjahres eingestellt werden,

(c) die Beträge, die für das Geschäftsjahr entnommen werden.

Die offenen Rücklagen sind also zum Eigenkapital der AG zu rechnen. Will
man z.b. den spekulationsfreien Kurs (= Bilanzkurs) einer AG berechnen,
so muß man das gesamte Eigenkapital berücksichtigen.

Beispiel:

Grundkapital	= 40	◄──── nur hierfür sind Aktien aus-
Gesetzliche Rücklage	= 4	gegeben, aber diese Aktien
Freie Rücklage	= 7	repräsentieren in Wirklichkeit
Gewinn-Vortrag	= 1	
Gesamt-Eigenkapital	= 52	

$$\textbf{Bilanzkurs} = \frac{\textbf{Eigenkapital x 100}}{\textbf{Grundkapital}} = \frac{52 \text{ x } 100}{40} = 130\,\%$$

7.4.3 Stille Reserven (Rücklagen)

Stille Reserven entstehen durch Unterbewertung von Vermögensteilen, d.h.
durch Unterbewertung der Aktivseite der Bilanz (im Anlagevermögen durch
Überhöhung der Abschreibungsbeträge für Gebäude, Maschinen etc., im Umlaufvermögen durch zu niedrige Wertansätze für Bestände oder Forderungen),
oder durch Überbewertung von Schulden, also Überhöhung der Passiva.
Die stillen Reserven stellen zusätzliches Eigenkapital dar, das nicht in der
Bilanz ausgewiesen wird.

Da das alte AktG für das Anlagevermögen Höchstwerte nannte, die aber ohne
Grenzangabe beliebig unterschritten werden konnte, war es der Verwaltung
möglich, durch Unterbewertung stille Reserven zu bilden, die bei künftigen
Rückschlägen als Verlustausgleich in Anspruch genommen werden konnten.

So wertvoll diese Vermögenspolster sein mögen, so bedeuten sie eine Benach-
teiligung der Aktionäre durch Gewinnverkürzung und geben ein falsches Bild
von der Lage der Gesellschaft.

Die Auflösung kann erfolgen:
– durch Veräußerung von Gegenständen (sofern der Veräußerungspreis
über dem Buchwert liegt),
– oder durch Wertkorrektur, auf der Aktivseite nach oben, Passivseite
nach unten,
– oder durch Auflösung zu hoher Wertberichtigungen.

Das AktG 1965 ist bemüht, die Bildung stiller Reserven einzuschränken. Unterbewertungen dürfen nur noch in beschränktem Umfang vorgenommen werden. Stille Reserven kommen danach, soweit sie sich nicht aus den gesetzlich vorgesehenen Bewertungen oder den jeweils gewählten Bewertungs- und Abschreibungsmethoden ergeben, nur noch in Betracht:

a) Bei Gegenständen des Anlagevermögens (§ 154 Abs. 2 AktG) durch den steuerlich zulässigen, niedrigeren Wert, der unter den sonst maßgeblichen Werten liegt.

b) Bei Gegenständen des Umlaufvermögens (§ 155 Abs. 3 und 4 AktG) im Falle steuerlich zulässiger Unterbewertungen (es gilt das gleiche wie für die Gegenstände des AV).

c) Durch Unterbewertung, die bei vernünftiger kaufmännischer Beurteilung notwendig ist, um zu verhindern, daß der Wertansatz der Gegenstände in der nächsten Zukunft auf Grund von Wertschwankungen geändert werden muß (= keine echten stillen Reserven), oder durch Fortführung niedrigerer Werte nach Wegfall der für die niedrigere Bewertung maßgeblichen Gründe.

In der Steuerbilanz können stille Reserven dadurch entstehen (ebenso wie in der HB), daß die Tageswerte über die Anschaffungswerte steigen (die auch in der StB die Bewertungsobergrenze bilden). Die nach Steuergesetz möglichen Sonderabschreibungen[1] schaffen ebenfalls stille Reserven.

Einer Kontrolle der Bildung und Auflösung stiller Reserven dient die Forderung, daß die Änderung der Bewertungs- und Abschreibungsmethoden im Geschäftsbericht zu erläutern sind (§ 160 Abs. 2 AktG).

Wenn die Bildung stiller Reserven jetzt auch stark eingeschränkt wurde, so hatten sie doch vor allem nach der Währungsreform größere Vorteile. (Absprachen Abs − L. Erhard). Mit ihrer Hilfe konnte neues Kapital in Zeiten großer Kapitalknappheit auf dem Wege der Selbstfinanzierung gebildet werden.

7.4.4 Rückstellungen

Während Rücklagen getrennt verbuchtes Eigenkapital darstellen, sind Rückstellungen Verbindlichkeiten, die nur dem Grunde, aber nicht der Höhe nach am Bilanzstichtag bekannt sind.

Rückstellungen sind also Fremdkapital oder haben zumindest Fremdkapital-charakter. Das kennzeichnende Moment einer Rückstellung ist die Unsicherheit. Ihre Höhe muß daher stets ergänzt werden, da die immer nur vorläufige zahlenmäßige Festsetzung der Rückstellungen sich bei der späteren endgültigen Entscheidung über die Verbindlichkeiten als zu gering, zu hoch oder unter Umständen sogar als überhaupt nicht notwendig herausstellt.

[1] Vgl. dazu Seite 61

Der gesamte Betrag der Rückstellungen (nicht der einzelnen Posten) in der Steuerbilanz darf die entsprechende Rückstellung in der Handelsbilanz nicht übersteigen (Maßgeblichkeit der HB für die StB).

Rückstellungen sind also Aufwand, der erst in einer späteren Periode zu einer Ausgabe (der Höhe nach unbestimmt) führt. Da die später zu erwartende Ausgabe bereits in der Abrechnungsperiode erfolgswirksam werden soll, muß schon jetzt in der GuV-Rechnung ein entsprechender Aufwand verrechnet werden. Der Gewinn wird um diesen Betrag gemindert. Es ist aber noch keine entsprechende Verminderung des Vermögens eingetreten, da noch keine Zahlung erfolgte.

Rückstellungen werden in der Regel gebildet für bestimmt zu erwartende, aber noch nicht veranlagte Steuern (großer Posten = Gewerbesteuer), für entstandene, aber noch nicht eingeforderte Prozeßkosten, für Ansprüche aus Provisionen, aus Bürgschafts- und Garantieverpflichtungen, zur gleichmäßigen Belastung der Wirtschaftsabschnitte aus periodisch auftretenden Reparaturen, für Urlaubsansprüche, Pensionen usw..

Rückstellungen dürfen nicht mehr gebildet werden, sobald sie das nach Höhe und Fälligkeit Ungewisse verloren haben und zu echten Verbindlichkeiten geworden sind. Darum kann z.B. für die feststehende, aber noch nicht abgehobene Dividende der Aktionäre nur eine echte Schuld, aber keine Rückstellung gebildet werden.

7.4.5 Wertberichtigungen

Wertberichtigungen sind Korrekturposten, deren Aufgabe es ist, zu hoch ausgewiesene Aktiv- oder Passivposten zu korrigieren.
Man kann also zwischen der direkten und indirekten (Wertberichtigung) Abschreibung wählen, indirekt ist sie aber deutlicher sichtbar.

Wertberichtigung auf der Aktivseite: z.B. ausstehende Einlage auf das Eigenkapital (Grundkapital).

Wertberichtigung auf der Passivseite: zu Sachanlagen, Beteiligungen und Wertpapieren sowie als "Pauschalwertberichtigungen" zu Forderungen. Die auf die einzelnen Posten entfallenden Wertberichtigungen sind gesondert auszuweisen.

7.4.6 Verbindlichkeiten

Bei den Verbindlichkeiten handelt es sich um Mittel, die der Unternehmung von dritter Seite zur Durchführung ihrer betrieblichen Zwecke zur Verfügung gestellt worden sind. Hierbei ist besonders wichtig, auf welche Dauer die Hingabe der betreffenden Kapitalbeträge erfolgte.

Nach altem AktG mußten Verbindlichkeiten nicht nach ihrer Laufzeit gegliedert werden, dies erschwerte die Beurteilung der Liquidität. Im neuen AktG spielen dagegen die **Laufzeiten** eine besondere Rolle.

Gesondert sind auszuweisen: Verbindlichkeiten mit einer Laufzeit von mindestens 4 Jahren und derjenige Teil dieser Verbindlichkeiten, der vor Ablauf von 4 Jahren fällig wird.

Außerdem sind jetzt **Eventualverbindlichkeiten** (wie z.b. aus Bürgschaften, Gewährleistungen) unter dem Strich der Bilanz (bisher nur im Geschäftsbericht) auszuweisen.

Anleiheschulden sind mit ihrem Rückzahlungsbetrag zu passivieren. Ist dieser höher als der Ausgabebetrag, so braucht das Disagio nicht in einem einzigen Geschäftsjahr als Aufwand verrechnet zu werden, sondern darf gesondert unter den Aktivposten (Rechnungsabgrenzungsposten) ausgewiesen werden. Der eingesetzte Betrag ist durch jährliche Abschreibungen zu tilgen. Diese dürfen auf die gesamte Laufzeit der Anleihe verteilt werden. Nach Handelsrecht besteht dazu jedoch keine Verpflichtung (es kann auch sofort abgeschrieben werden), das Steuerrecht schreibt aber dieses Verfahren vor.

7.5 Die Erfolgsrechnung (GuV-Rechnung)

Die Bilanz ermittelt die Erfolgsziffer in einer Summe als Saldo durch Gegenüberstellung von Vermögens- und Kapitalpositionen am Bilanzstichtag, während die GuV-Rechnung sämtliche Erträge und Aufwendungen einer Abrechnungsperiode saldiert. Die GuV-Rechnung zeigt außerdem das **Zustandekommen** des Erfolges nach Art, Höhe und Quelle.

Das GuV-Konto ist ein Vorkonto zum Kapitalkonto und ergänzt die Bilanz. Die Aufwendungen und Erträge werden in einer Gliederung gezeigt, die wegen ihrer besseren Übersichtlichkeit für Fachunkundige in Staffelform vorgeschrieben ist (§ 157 AktG).(Die Kontoform ist also nicht mehr zugelassen!)

Das Gliederungsschema ist ähnlich dem der Bilanz. Die Aufwendungen und Erträge müssen ohne Saldierung gegenübergestellt werden **(Bruttoprinzip)**.

Früher brauchte der Brutto-Umsatz der Abrechnungsperiode nicht ausgewiesen zu werden (ebenso der Materialverbrauch), man saldierte Umsatzerlöse und Umsatzaufwand. Diese dem Prinzip der Klarheit widersprechende Saldierungsmöglichkeit wurde damit verteidigt, daß der Konkurrenz wichtige Einblicke verwehrt werden müßten. Diese Begründung trifft aber selten zu, denn im Umsatz werden z.B. auch Exportsubventionen, Schrottverkauf, Lizenzerlöse etc. ausgewiesen.

Alle betriebsfremde Tätigkeit schlägt sich nicht im Umsatz nieder.
Vollständig lassen sich aber die Erfolgsursachen nicht feststellen, weil die übliche Gliederung die Aufwandsarten nur summarisch den verschiedenen Erträgen insgesamt gegenüberstellt (eine Ausnahme ist nur der Einproduktbetrieb).
Deshalb dient die GuV-Rechnung nur einer Erstinformation.
Die Plankostenrechnung ist für den Betrieb viel wichtiger.

Man unterscheidet bei der Erfolgsrechnung zwischen Umsatzrechnung und Produktionsrechnung.

Produktionsrechnung: Sie stellt zur Ermittlung des Betriebserfolges
(oder Gesamtkostenrechnung) sämtliche Aufwendungen, die bei der Erstellung der Betriebsleistung im Betrieb entstanden sind, sämtlichen Erträgen, nicht nur den Umsatzerlösen, sondern auch den nicht abgesetzten Produkten gegenüber.

Abb. 13   Produktionsrechnung

Σ Kontenklasse 2, 4	1,6	Kontenklasse 8	2,0
Gewinn	0,5	Bestandsveränderung	0,1
	2,1		2,1

Die Produktionsrechnung ist also eine vollständige Erfolgsrechnung.

Umsatzrechnung: Sie stellt nur Umsatzaufwendungen und Umsatzerlöse gegenüber und zeigt somit den reinen Umsatzerfolg.
Die Aufwendungen und Erträge aus den nicht abgesetzten Beständen fehlen.

Abb. 14   Umsatzrechnung

Σ Kontenklasse 2, 4 für Fertigfabrikate	1,5	Kontenklasse 8	2,0 Erlöse
Gewinn	0,5		
	2,0		2,0

Auf der Sollseite also nur die Aufwendungen für die **verkauften** Fertigfabrikate.

7.6 Gliederung der GuV-Rechnung
(genaues Gliederungsschema siehe § 157 AktG)

1. Umsatzerlöse   . . . .
   > dürfen um Preisnachlässe (z.b. Skonti)
   vermindert werden

2. Erhöhung oder Verminderung des Bestandes an
   fertigen und unfertigen Erzeugnissen   . . . .
   > bei Erhöhung wurde mehr produziert
   als verkauft

3. andere aktivierte Eigenleistungen   . . . .
   > innerbetriebliche Leistungen, z.b.
   selbsterstellte Anlagen

4. Gesamtleistung   . . . .
   > = Summe der Positionen 1 − 3

5. Aufwendungen für Roh-, Hilfs- und Betriebsstoffe sowie für bezogene Waren   . . . .

6. Rohertrag/Rohaufwand   . . . .
   > von der Gesamtleistung abgezogener Materialauf-
   wand (5); sagt noch nichts über den Betriebsertrag
   aus, da eine Anzahl von betriebsbedingten Ertrags-
   elementen nicht berücksichtigt sind.

7. verschiedene Erträge, wie aus Beteiligungen, ...
   Finanzanlagen, Gewinnabführungsverträgen, ...
   sonstigen Zinsen, aus Verkauf von AV, aus . . . .
   Auflösung von Rückstellungen, ...

15. Erträge aus Verlustübernahme   . . . .
    > die Pos. 7 − 15 sind sehr aufgegliedert;   . . . .
    (besserer Einblick für Aktionäre und
    Gläubiger)

16. Löhne und Gehälter   . . . .
    > auch Urlaubslöhne, Lohnfortzahlungen
    etc., die Gesamtsumme der in der Periode
    angefallenen, nicht ausgezahlten Brutto-
    Löhne- und Gehälter. Vorausgezahlte
    Beträge werden nicht als Aufwand erfaßt
    (⟶ Posten der Rechnungsabgrenzung
    in der Bilanz).

17.u.18. Soziale Abgaben   . . . .

19. Abschreibungen und Wertberichtigungen auf
Sachanlagen und immaterielle Anlagegüter . . . .

20. Abschreibungen auf Finanzanlagen . . . .

21. Verluste aus Wertminderung oder dem Abgang
von Gegenständen des Umlaufvermögens . . . .

22. Verluste aus dem Abgang von Gegenständen
des AV . . . .

23. Zinsen und ähnliche Aufwendungen . . . .

24. Steuern . . . .
    > Körperschafts-, Kapitalertrags-,
    Gewerbeertrags-, Vermögens-, Gewerbe-
    kapital-, Umsatzsteuer, etc.

25. u. 26. Aufwendungen aus Verlustübernahme und . . . .
    sonstigen Aufwendungen

27. auf Grund eines Gewinnabführungsvertrages . . . .
    etc. abgeführte Gewinne
    > an die Obergesellschaft; (zeigt wie
    hoch der Gewinn ohne die Oberge-
    sellschaft wäre)

28. Jahresüberschuß/Jahresfehlbetrag . . . .

29. Gewinnvortrag/Verlustvortrag aus dem Vorjahr . . . .

30. Entnahmen aus offenen Rücklagen . . . .
    a) aus der gesetzlichen Rücklage . . . .
    b) aus der freien Rücklage . . . .

31. Einstellung aus dem Jahresüberschuß . . . .
    in offene Rücklagen
    a) in die gesetzliche Rücklage . . . .
    b) in freie Rücklagen . . . .

32. Bilanzgewinn/Bilanzverlust . . . .

Hinweis zu Position 15 "Erträge aus Verlustübernahme (verträgen)"
> muß in Zusammenhang mit Position 25 "Aufwendungen aus Ver-
lustübernahme (verträgen)" gesehen werden.
Dies sind Erträge und Aufwendungen, die aus Konzernbeziehungen
herrühren, ähnlich Position 27 und 7.
(Zwei Unternehmungen A und B haben einen Ergebnisabführungs-
vertrag geschlossen, der B verpflichtet, die Gewinne an A abzuführen,
und A verpflichtet, evtl. Verluste von B zu übernehmen.)

Diese Positionen sind für die körperschaftssteuerliche Anerkennung des Organschaftsverhältnisses von Bedeutung.

Kontrollfragen zu Kapitel 7

1. Wie gehen Sie beim Lesen einer Bilanz vor? Welche Fragen tauchen bei richtigem Vorgehen auf?

2. Nach welchen Gesichtspunkten sind Aktiva und Passiva bilanzmäßig geordnet?

3. Das Anlagevermögen ist vertikal und horizontal zu gliedern. Erläutern Sie diese Aussage!

4. Was versteht man unter 'working capital' und welcher Aussagewert ist diesem Begriff zuzuordnen?

5. Was ist Kriterium für den Ausweis eines Vermögensgegenstandes im Anlagevermögen? Wie ist das Anlagevermögen nach § 151 Abs. 1 AktG gegliedert?

6. Was sind grundstücksgleiche Rechte?

7. Welche Vermögensgegenstände sind unter A1 – A4 im Anlagevermögen nach dem aktienrechtlichen Gliederungsschema auszuweisen? Nennen Sie für jeden Gliederungspunkt zahlreiche Beispiele und stellen Sie fest, wie die Bewertung zu erfolgen hat, welche Kosten (Schnellbau-, Abbruch-, Reparatur-) einbezogen werden dürfen, ob Abschreibungen nötig bzw. erforderlich sind und wie der Wertansatz zu diesen Positionen für die Steuerbilanz zu erfolgen hätte!

8. Was versteht man unter 'Herstellungsaufwand' und 'Erhaltungsaufwand' und in welchem Zusammenhang sind die beiden Begriffe von Bedeutung?

9. Nennen Sie Beispiele für Vermögensgegenstände, die im beweglichen Anlagevermögen bilanziert werden!

10. Inwieweit kommen für Gegenstände der Betriebs- und Geschäftsausstattung die Grundsätze der Festbewertung zur Geltung?

11. Was ist im einzelnen unter der aktienrechtlichen Gliederungsposition II A7 zu bilanzieren? Gehören dazu auch Mietvorauszahlungen und Baukostenzuschüsse?

12. Was sind immaterielle Anlagewerte, wo und unter welchen Voraussetzungen sind sie handelsbilanzmäßig zu erfassen? Wie werden sie in der Steuerbilanz behandelt?

13. Welche Mindestgliederungspositionen schreibt das AktG für die Finanzanlagen vor?

14. Was sind Beteiligungen? Welche Kriterien müssen erfüllt sein, damit im Sinne des AktG eine Beteiligung vorliegt? Wie sind sie handels- und steuerbilanziell zu bewerten?

15. Wie sind Gratisaktien im Rahmen der Beteiligungsbilanzierung zu bewerten?

16. Können Beteiligungen abgeschrieben werden? Wann ja, unter welchen Voraussetzungen?

17. Welchen Zusammenhang sehen Sie zwischen Beteiligungsbilanzierung, Schachtelprivileg, Organschaft, Treuhandvertrag und Steuerbilanz?

18. Welche Vermögensgegenstände sind im einzelnen unter II B2 und II B3 zu bilanzieren?

19. Aufgrund welcher aktienrechtlichen Vorschriften sind unter den Posten des Anlagevermögens welche drei Positionen gesondert auszuweisen?

20. Nach welchen Ursachen lassen sich Abschreibungen bemessen, welche Arten von Abschreibungen gibt es und nach welchen Rechenverfahren kann man abschreiben?

21. Worin sehen Sie die Vorteile einer degressiven Abschreibung?

22. Skizzieren Sie knapp den Unterschied zwischen den Gegenständen des Umlaufvermögens und denen des Anlagevermögens!

23. Was beinhaltet die Position 'Vorräte', welche Größenordnung in der Bilanz nimmt die Position normalerweise ein und nach welchen Bewertungsprinzipien werden die Vorräte bilanziert?

24. Bei welchen Preisbewegungen kann eine Sammelbewertung nach welchen Verfahren erfolgen?

25. Versuchen Sie ohne Zuhilfenahme von Unterlagen die zwölf Posten des Abschnitts 'Andere Gegenstände des Umlaufvermögens' in der gesetzlich vorgesehenen Reihenfolge zusammenzustellen. Befassen Sie sich danach mit den Forderungen, indem Sie Begriff und Bewertung erläutern!

26. Welche Voraussetzungen müssen vorliegen, damit im Sinne des AktG Rechnungsabgrenzungsposten ausgewiesen werden können?

27. Nennen Sie acht Hauptposten, die im § 151 Abs. 1 AktG für die Gliederung der Passivseite der Bilanz festgelegt sind!

28. Wie ist bei der Bilanzierung des Grundkapitals einer Kapitalgesellschaft zu verfahren? Was geschieht, wenn verschiedene Aktiengattungen ausgegeben sind?

29. Welche Passiva sind aktienrechtliche in Grundkapital umwandelbar, welche nicht? (6 Stichpunkte).

30. Grenzen Sie die Begriffe 'Rücklagen' und 'Rückstellungen' ab!

31. Wie bestimmt das AktG die Rücklagenbildung? (Gesetzliche und freie Rücklagen).

32. Stellen Sie Bilanzierungsmöglichkeiten zur Bildung und Auflösung stiller Reserven dar!

33. Kommentieren Sie die einzelnen in § 157 AktG genannten Posten der Gewinn- und Verlustrechnung unter Verwendung des Gesetzestextes!

8. Rechnungslegung im Konzern (konsolidierte Bilanz) [1]

8.1 Wesen und Bedeutung

Konsolidierte Bilanzen gibt es bei Konzernen und konzernähnlichen Unternehmungszusammenschlüssen. Da die wirtschaftliche Leistungsfähigkeit eines Konzerns in dem vereinigten Vermögen der zusammengeschlossenen Unternehmungen zum Ausdruck kommt, nennt man die Konzernbilanzen konsolidierte Bilanzen. Eine Legaldefinition des Konzernbegriffes findet sich in § 18 AktG. **Demnach ist ein Konzern ein Zusammenschluß rechtlich selbständiger Unternehmungen unter einheitlicher wirtschaftlicher Leitung.**

Die einzelnen Unternehmen sind finanziell, organisatorisch und in der Regel auch vertraglich miteinander verbunden. Steuerrechtlich müssen alle drei Abhängigkeitsarten vorliegen, damit der Konzern als Organschaft anerkannt wird (juristische Unabhängigkeit kann bestehen).

Das wichtigste Mittel der Verflechtung von Unternehmungen ist die Beteiligung. Man unterscheidet nach wirtschaftlichen Gesichtspunkten drei Grundformen:
- horizontale Verflechtung,
- vertikale Verflechtung und
- gegenseitige Verflechtung.

Abb. 15

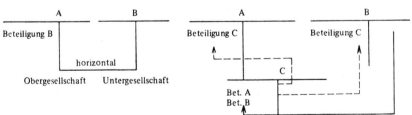

1. Grundform   2. + 3. Grundform

A   B   A   B

Beteiligung B   Beteiligung C   Beteiligung C

horizontal   C

Obergesellschaft   Untergesellschaft

Bet. A
Bet. B

zur 2. + 3. Grundform:

vertikal: durchgehende Linie
gegenseitig: gestrichelte Linie

[1] Vgl. dazu: v. Wysocki, K., Konzernrechnungslegung in Deutschland, Düsseldorf 1969

Die Begriffe horizontale und vertikale Beteiligung können neben der **kapital-mäßigen** auch eine **produktionsmäßige** Deutung erfahren.

Horizontaler Konzern: Betriebe der gleichen Branche und Produktionsstufe (etwa Schiffsreedereien) sind zu einem Konzern vereinigt.

Vertikaler Konzern: Wenn sich z.b. ein Röhrenwerk Kohlenzechen und Werke der eisenschaffenden Industrie zulegt oder in die Verarbeitung (z.b. Maschinenbau) eindringt (verschiedene Produktionsstufen).

Diese beiden reinen Typen der Konzentration sind aber selten; in der Regel gibt es sehr viele Mischformen.

Abb. 16   Abgrenzung des Konsolidierungskreises

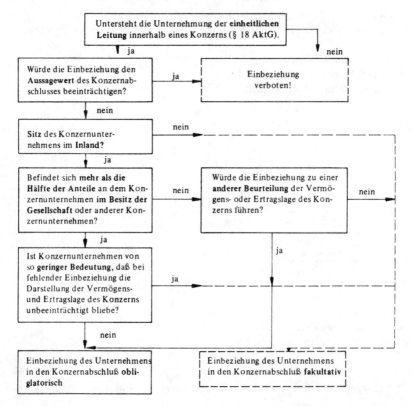

Quelle: Busse v. Colbe, W.: AG 1966, S. 272

Das AktG bezeichnet einen Kapitalanteil dann als Beteiligung, wenn er mindestens 25 % des Aktienkapitals der beherrschten Gesellschaft beträgt (§ 152 Abs. 2 AktG).

Diese 25%-ige Beteiligung sichert die **Sperrminoriät**, d.h., daß ohne Zustimmung des 25%-igen Kapitaleigners kein Beschluß gefaßt werden kann, zu dem eine 75%-ige Mehrheit notwendig ist (z.b. bei Veränderung des Grundkapitals, Satzungsänderung, Fusion mit anderen Unternehmungen).

Die Beteiligung muß aber mindestens 51% betragen, um die andere Unternehmung zu "beherrschen".

Eine Beteiligung erhöht das Haftungsrisiko; deshalb findet eine Konzerngründung nur dann statt, wenn es betriebswirtschaftlich sinnvoll ist. Vorteile liegen in der Möglichkeit der **Gewinnverdeckung** (Preiserhöhungen im innerbetrieblichen Verrechnungssystem, z.b. bei der Lieferung von Halbfabrikaten, lassen Gewinne leicht transformieren). Ebenso lassen sich natürlich Verluste übertragen.

Das Risiko läßt sich aber verteilen bzw. vermindern, wenn die Konzernmitglieder verschiedenen Rechtsformen angehören. Ist z.b. ein Unternehmen (AG) in Liquiditätsschwierigkeiten geraten, so kann sie die liquidere Unternehmung (z.b. GmbH) auffordern, ihre Schulden vorzeitig bei ihr zu zahlen; somit wird das Bilanzbild verfälscht, die publikationspflichtige AG täuscht ihre Aktionäre und Gläubiger.

Schwierig ist die Bilanzierung von Vorräten, die aus Lieferungen von Konzernunternehmen stammen.

Verkauft z.b. A an B zu Marktpreisen, so ist der Gewinn aus der Sicht des verkauften Einzelbetriebes A zwar realisiert, nicht aber vom Standpunkt des Konzerns aus betrachtet, da B nach § 155 AktG zu Einkaufspreisen aktiviert.

Wegen dieser Probleme muß also zusätzlich zu den Einzelbilanzen noch eine konsolidierte Bilanz aufgestellt werden, die schon wegen der erstgenannten Möglichkeiten für die Konzernleitung wichtig ist. Eine Konzernbilanz ist keine mechanische Addition der Konten, man muß die schwachen und starken Glieder innerhalb des Konzerns kennen, damit die Verschiebungen zwischen den Konzernmitgliedern einen optimalen Wirkungsgrad erreichen.

Das neue AktG verlangt, daß Konzerne zur **öffentlichen Rechnungslegung** verpflichtet sind, und zwar dann, wenn an der Spitze des Konzerns eine AG oder KGaA, bergrechtliche Gewerkschaft oder GmbH mit **Sitz im Inland** steht (§ 329 AktG, § 28 Einf.G).

Bei einer GmbH oder bergrechtlichen Gewerkschaft trifft das allerdings nur zu, wenn eine AG oder KGaA in den Abschluß einzubeziehen ist.

Die Veröffentlichung des Konzernabschlusses hatte sich allerdings bei den meisten Konzernen schon früher durchgesetzt.

Abb. 17

Die Verpflichtung der Aufstellung eines Gesamt-Konzernabschlusses
und eines Gesamt-Konzerngeschäftsberichtes nach dem Publizitätsgesetz,
dem Aktiengesetz und dem Einführungsgesetz zum Aktiengesetz

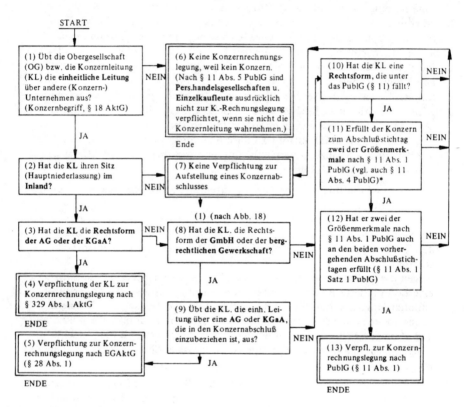

* Bilanzsumme > 125 Mill. DM
 Außenumsatzerlöse > 250 Mill. DM

durchschnittliche
 Beschäftigtenzahl > 5.000

84

Abb. 18

Die Verpflichtung zur Aufstellung eines Teilkonzernabschlusses nach dem Publizitätsgesetz, dem Aktiengesetz und dem Einführungsgesetz zum Aktiengesetz

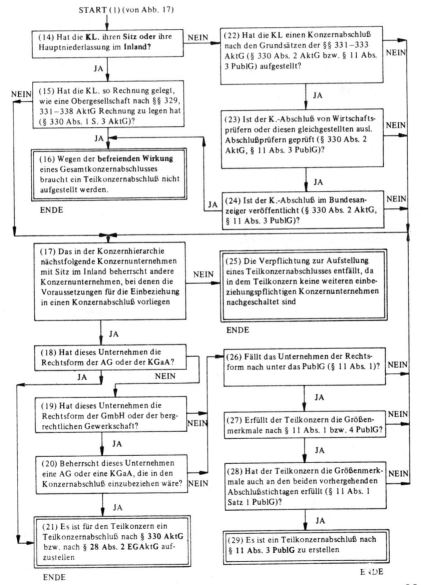

START (1) (von Abb. 17)

(14) Hat die **KL**. ihren **Sitz oder** ihre Hauptniederlassung im **Inland?**
— NEIN →
(22) Hat die KL einen Konzernabschluß nach den Grundsätzen der §§ 331–333 AktG (§ 330 Abs. 2 AktG bzw. § 11 Abs. 3 PublG) aufgestellt?
— NEIN →

JA

NEIN

(15) Hat die KL. so Rechnung gelegt, wie eine Obergesellschaft nach §§ 329, 331–338 AktG Rechnung zu legen hat (§ 330 Abs. 1 S. 3 AktG)?

JA

(23) Ist der K.-Abschluß von Wirtschaftsprüfern oder diesen gleichgestellten ausl. Abschlußprüfern geprüft (§ 330 Abs. 2 AktG, § 11 Abs. 3 PublG)?
— NEIN →

JA

(16) Wegen der **befreienden Wirkung** eines Gesamtkonzernabschlusses braucht ein Teilkonzernabschluß nicht aufgestellt werden.

ENDE

JA

(24) Ist der K.-Abschluß im Bundesanzeiger veröffentlicht (§ 330 Abs. 2 AktG, § 11 Abs. 3 PublG)?
— NEIN →

(17) Das in der Konzernhierarchie nächstfolgende Konzernunternehmen mit Sitz im Inland beherrscht andere Konzernunternehmen, bei denen die Voraussetzungen für die Einbeziehung in einen Konzernabschluß vorliegen
— NEIN →
(25) Die Verpflichtung zur Aufstellung eines Teilkonzernabschlusses entfällt, da in dem Teilkonzern keine weiteren einbeziehungspflichtigen Konzernunternehmen nachgeschaltet sind

ENDE

JA

(18) Hat dieses Unternehmen die Rechtsform der AG oder der KGaA?

JA   NEIN

(26) Fällt das Unternehmen der Rechtsform nach unter das PublG (§ 11 Abs. 1)?
— NEIN →

JA

(19) Hat dieses Unternehmen die Rechtsform der GmbH oder der bergrechtlichen Gewerkschaft?
— NEIN →

(27) Erfüllt der Teilkonzern die Größenmerkmale nach § 11 Abs. 1 bzw. 4 PublG?
— NEIN →

JA

JA

(20) Beherrscht dieses Unternehmen eine AG oder eine KGaA, die in den Konzernabschluß einzubeziehen wäre?
— NEIN →

(28) Hat der Teilkonzern die Größenmerkmale auch an den beiden vorhergehenden Abschlußstichtagen erfüllt (§ 11 Abs. 1 Satz 1 PublG)?
— NEIN →

JA

JA

(21) Es ist für den Teilkonzern ein Teilkonzernabschluß nach § 330 AktG bzw. nach § 28 Abs. 2 EGAktG aufzustellen

(29) Es ist ein Teilkonzernabschluß nach § 11 Abs. 3 **PublG** zu erstellen

ENDE   ENDE

Wird die Konzernleitung z.B. in ein Einzelunternehmen oder eine Personengesellschaft umgewandelt, besteht keine Verpflichtung zur Aufstellung einer Konzernbilanz. Publizitätsscheue Konzernunternehmen brauchen also ihre Konzernspitze nur in eine Personengesellschaft umzuwandeln.

8.2 Technische Konsolidierungsvoraussetzungen

a) **Gleicher Stichtag für die Einzelbilanzen**
Dies ist oft aus historischen Gründen nicht gegeben. Ein weiterer Grund kann sein, daß der Konzern nur **einen** Wirtschaftsprüfer (WP-Gesellschaft) beschäftigen will, deshalb müssen sich die Abschlüsse über das ganze Jahr verteilen. Es müssen also Zwischenbilanzen zu einem einheitlichen Konsolidierungstag aufgestellt werden (= Mehrarbeit im Rechnungswesen).

b) **Einheitlicher Kontenplan**
Da verschiedene Posten gleichen Inhalts aus den verschiedenen Einzelabschlüssen in dem konsolidierten Abschluß zusammengefaßt werden, müssen die zusammengefaßten Posten **formell** und **materiell** den gleichen Inhalt haben.

c) **Einheitliche Buchungstechnik**
Bezüglich der zeitlichen Abgrenzung bzw. auch der gegenseitigen Verrechnung (da letztere sich bei Zusammenfassung ausgleichen müssen).

d) **Einheitliche Bewertungsverfahren**
Um Vergleichbarkeit zu gewährleisten (ein Einzelunternehmen darf nicht über-, ein anderes nicht unterbewerten).

8.3 Arbeitstechnische Durchführung

a) **Aufrechnung der gegenseitigen Forderungen und Verbindlichkeiten,**
so daß sie in der konsolidierten Bilanz nicht mehr erscheinen.

b) **Eliminierung der Zwischengewinne**
Dies ist praktisch sehr schwer durchführbar, da man bei der Inventur festhalten muß, welche Gegenstände aus konzerninternen Lieferungen stammen und welche nicht, was fast unmöglich wird, wenn gleichartige Gegenstände von konzernfremden Unternehmungen und Konzernunternehmungen geliefert werden.
Da dies aber eine nicht vertretbare Mehrarbeit bedeutet, hilft man sich in der Praxis mit Schätzungen, die dann mehr oder weniger gute Näherungswerte ergeben.

c) **Ausgleich der Kapitalkonten** (Kapitalkonsolidierung)
Dies geschieht dadurch, daß der Buchwert der Beteiligung in der Bilanz
der Obergesellschaft mit dem buchungsmäßigen Reinvermögen der Untergesellschaft aufgerechnet wird.
Dabei entsteht ein positiver oder negativer Saldo.

Beispiel: A ist an B 100%-ig beteiligt, der Buchwert der A-Bilanz stimmt
mit dem buchmäßigen Reinvermögen (= GK + Rücklagen +
Bilanzgewinnvortrag bzw. ./. -verlust) von B überein (kommt
in der Praxis kaum vor!)

Abb. 19

A					B		
Bet. B	**10**	GK	20	AV + UV	25	GK	8
AV + UV	45	Rückl.	5			Rückl.	2
		Vblk.	30			Vblk.	15
	55		55		25		25

Konzernbilanz			
AV + UV	70	GK	20
		Rückl.	5
		Vblk.	45
	70		70

An die Stelle des Postens Beteiligung der Bilanz A treten also in der konsolidierten Bilanz das Vermögen und die Schulden der Unternehmung B.
In diesem Beispiel ist der Saldo gleich null.

Normalfall (1)
Beteiligung 100%, negativer Saldo; die buchmäßige Beteiligung ist kleiner
als der Buchwert des Reinvermögens (Beteiligung ./. Reinvermögen < 0).
Dies kann daran liegen, daß die Aktiven der Untergesellschaft überbewertet
sind oder aber die Beteiligung ist bei der Obergesellschaft unterbewertet
(stille Reserven, meist dadurch entstanden, weil die Beteiligung zum Anschaffungswert bilanziert wurde, während ihr wahrer Wert inzwischen ge-
stiegen ist, z.B. dadurch, daß die B-Gesellschaft seit dem Zeitpunkt des Er-
werbs der Beteiligung durch A wenig Gewinn ausgeschüttet hat).
Sind die Aktiven der Gesellschaft B überbewertet, dann verlangen die GoB,
daß die Einzelbilanz von B durch eine Sonderabschreibung berichtigt wird
(dadurch verschwindet die Aufrechnungsdifferenz).

Abb. 20

A			
Bet. B	8	GK	20
AV + UV	45	Rl	3
		V	30
	53		53

B			
AV + UV	25	GK	9
		Rl	1
		V	15
	25		25

Konzernbilanz			
AV + UV	70	GK	20
		Rl	3
		V	45
		KR	2
	70		70

Aus der Konsolidierung entstandene Rücklage
(= passiver Ausgleichsposten)

Normalfall (2)

Beteiligung 100%, positiver Saldo; (Beteiligung ./. Reinvermögen > 0)
Umgekehrt analog: Entweder Überbewertung der Beteiligung oder Unterbewertung des Vermögens der Untergesellschaft.

Abb. 21

A			
Bet.B	15	GK	20
AV + UV	45	Rl	10
		V	30
	60		60

B			
AV + UV	25	GK	8
		Rl	2
		V	15
	25		25

Konzernbilanz			
AV + UV	70	GK	20
		Rl	10
	5	V	45
	75		75

Aus der Konsolidierung entstandener aktivischer Ausgleichsposten.

88

Mit diesem Betrag sind also die stillen Reserven der Gesellschaft B offen ausgewiesen.

Wir sind in unseren Beispielen davon ausgegangen, daß die Beteiligung immer 100% beträgt. Das sind jedoch die selteneren Fälle. Meist sind noch Minderheitenanteile vorhanden. Die Obergesellschaft besitzt dann also von dem Reinvermögen der Untergesellschaft nur einen ihrer eigenen Nominalbeteiligung entsprechenden Prozentsatz.

Bei der Konsolidierung treten aber an die Stelle der Beteiligung in der Bilanz der Obergesellschaft alle Aktivposten der Untergesellschaft. Dies widerspräche aber der wirklichen (geringeren) Beteiligung, wenn nicht die Minderheitenanteile am Eigenkapital der Untergesellschaft in der konsolidierten Bilanz passivisch ausgewiesen würden.

Beispiel: A ist an B zu 60% beteiligt.

Abb. 22

A			
AV + UV	45	GK	20
Bet.B	6	Rl	1
		V	30
	51		51

B			
AV + UV	25	GK	10
		V	15
	25		25

Konzernbilanz			
AV + UV	70	GK	20
		Rl	1
		V	45
		MA	4
	70		70

Minderheitenanteil am Reinvermögen der Untergesellschaft ⟶

Hinsichtlich des positiven und negativen Saldos gelten die oben aufgeführten Beispiele.

8.4 GuV-Konsolidierung

Voraussetzungen bei der GuV-Konsolidierung sind im wesentlichen die gleichen wie bei der konsolidierten Bilanz. Konzerninterne Umsätze müssen eliminiert werden. Es dürfen nur auf **Außenumsätzen** beruhende Aufwendungen und Erträge ausgewiesen werden.

Für die Gliederung gilt etwa das gleiche wie bei der GuV-Gliederung des Einzelunternehmens, jedoch ist sie vereinfacht (§ 333 AktG), wenn die Konzerne ihre Innenumsätze verrechnen.

Dem Außenumsatz darf ein einheitlicher Umsatzaufwendungsposten unter der Bezeichnung "Nicht gesondert auszuweisende Aufwendungen nach Verrechnung mit Bestandsänderungen und Eigenleistungen" gegenübergestellt werden.

Bei der Konzern-GuV-Rechnung können Entnahmen aus offenen Rücklagen und die Einstellung in die offenen Rücklagen je in einem Posten ausgewiesen werden (also nicht wie im § 157 AktG unterschieden in Entnahmen aus a) der gesetzlichen Rücklage, b) der freien Rücklage).

Der konzernfremden Gesellschaften zustehende Gewinn und der auf sie entfallene Verlust sind vor dem Posten "Konzerngewinn/Konzernverlust" gesondert auszuweisen.

8.5   Praxis der Konsolidierung

Bisher sind wir davon ausgegangen, daß der Konzern aus einer Mutter- und Tochtergesellschaft besteht. In der Praxis sind die Verhältnisse aber meist komplizierter. Man unterscheidet grundsätzlich:

a) **Kettenverschachtelung:**   A ist an B, B an C usw. beteiligt
b) **Mehrfachbeteiligung:**   A ist an B, C, D usw. beteiligt

Es ist ein Beteiligungsplan aufzustellen, der die Art der Verschachtelung zeigt, aus diesem wird der Konsolidierungsplan entwickelt (—►— a) = **Kettenkonsolidierung**, b) = **Kernkonsolidierung**).
Meist liegen jedoch Mehrfach- und Kettenbeteiligungen vor, deshalb gibt es in der Praxis selten eine reine Ketten- bzw. Kernkonsolidierung.
Anhand des Konsolidierungsplanes wird die Reihenfolge der nacheinander zu vollziehenden Konsolidierungen bestimmt; mit den kapitalmäßig am weitesten von der Obergesellschaft entfernten wird begonnen.

Zwischenbeteiligung: Gesellschaften verschiedener Verwandtschaftsgrade sind an einer anderen Gesellschaft beteiligt.

Gegenseitige Beteiligung: z.B. Untergesellschaft besitzt Aktien der herrschenden Obergesellschaft oder zwei Untergesellschaften sind gegenseitig aneinander beteiligt.

Kontrollfragen zu Kapitel 8

1. Definieren Sie den Begriff 'Konzern' unter Verwendung des AktG!

2. Erläutern Sie in kapitalmäßiger und produktionsmäßiger Hinsicht die beiden Konzernbegriffe 'horizontal' und 'vertikal'!

3. Fertigen Sie von Abb. 16, Seite 82, ein Leerschema, das lediglich die Überschrift, die Kästen ohne Text und die Pfeile enthält. Rekonstruieren Sie danach das vollständige Schema! (Hilfsmittel: AktG).

4. Welche technischen Konsolidierungsvoraussetzungen müssen vorliegen, damit ein Konzernabschluß aufgestellt werden kann?

5. Stellen Sie die Möglichkeiten der Kapitalkonsolidierung dar. Erklären Sie dabei, wie ein aktiver bzw. ein passiver Ausgleichsposten entsteht!

6. Wie ist bei der GuV-Konsolidierung vorzugehen?

7. Nach welchen Gesichtspunkten wird ein Konsolidierungsplan erstellt?

9. Sonderbilanzen

9.1 Wesen

Außerordentliche Ereignisse im Unternehmungsablauf verlangen **außerordentliche Bilanzen.**
Daneben gibt es noch die **unternehmungsinternen** Bilanzen (z.B. Liquiditäts-, Auseinandersetzungsbilanz), die nicht gesetzlich vorgeschrieben sind.

Da die Sonderbilanzen immer andere Gründe als die handelsrechtlichen Jahresbilanzen haben, gelten für sie auch andere Bilanzierungsgrundsätze.
Die außerordentlichen Bilanzen sind im Gegensatz zur ordentlichen Jahresbilanz vorwiegend Statusbilanzen, d.h. sie sind nach bestimmten Gesichtspunkten ausgerichtete Vermögensausweise.

9.2. Arten

9.2.1 Gründungsbilanzen

Neugründung: § 39 HGB verlangt die Aufstellung einer Gründungsbilanz beim Beginn eines Handelsgewerbes.
Bei ihnen kommt es darauf an, das zum Geschäftsbeginn vorhandene Vermögen nach Herkunft und Zusammensetzung genau zu erfahren (= reine Vermögensbilanz). Die Eröffnungsbilanz ist der Buchungsbeleg für die Eröffnungsbuchungen.

Umgründung: Überführung einer Unternehmung von einer Rechtsform in eine andere.
Charakteristikum: Formalliquidation mit anschließender Neugründung.

9.2.2 Fusionsbilanzen

Fusion oder Verschmelzung ist die Vereinigung mehrerer Unternehmungen zu einer rechtlichen und wirtschaftlichen Einheit. Die Selbständigkeit der einzelnen, jetzt vereinigten Unternehmungen wird aufgehoben. Verschmelzungen kommen in der Regel bei Kapitalgesellschaften vor, deshalb enthält das AktG in den §§ 339 ff. Verfahrensvorschriften.

Eine Verschmelzung ist auf zweierlei Arten möglich: eine Gesellschaft geht in einer anderen auf (**"echte Fusion"**), oder zwei bzw. mehrere Gesellschaften bilden eine neue Gesellschaft (Neugründung). In der technischen Durchführung ist die Fusion von Aktiengesellschaften am einfachsten (Aktienkauf).

Die "echte Fusion" kann mit oder ohne Liquidation der übertragenden Gesellschaft erfolgen.

Der praktisch wichtigste Fall ist die **Fusion ohne Liquidation.** Hier tritt die aufnehmende Gesellschaft unter besonderen Maßnahmen im Interesse der Gläubiger die Gesamtrechtsnachfolge der veräußernden Gesellschaft an, so daß letztere selbst für die Hingabe ihres Vermögens nichts erhält, also kein Vermögen mehr hat und demnach eine Liquidation entfällt. Die Aktien der aufnehmenden Gesellschaft werden vielmehr unmittelbar an die Gesellschafter der aufgenommenen Gesellschaft ausgegeben.

Eine **Fusion mit Liquidation** ist dergestalt möglich, daß die ihr Vermögen veräußernde Gesellschaft selbst die Aktien erhält, also ihr Vermögen nicht verliert, sondern liquidieren muß, wenn ihre Auflösung erfolgt. Vereinigen sich mehrere Gesellschaften derart, daß keine in der anderen aufgeht, sondern eine neue Gesellschaft gegründet wird, so findet auch keine Liquidation statt. Bei den fusionierenden Gesellschaften muß eine Schlußbilanz (= Grundlage der Fusionsverhandlungen) und Eröffnungsbilanz aufgestellt werden.

9.2.3 Liquidationsbilanz

Unter Liquidation (Abwicklung) versteht man die freiwillige Veräußerung aller Vermögensteile einer Unternehmung mit dem Ziel, aus dem Erlös die Schulden zu tilgen und den evtl. Erlösrest an die Gesellschafter zu verteilen (§§ 262 ff. AktG). Die Abwicklungskosten werden, soweit sie voraussehbar sind, als Rückstellungen berücksichtigt. Die Liquidatoren haben sowohl bei Beginn als auch bei Beendigung des Verfahrens eine Liquidationsbilanz aufzustellen. Die Gesellschaft besteht bis zu ihrer Löschung im Handelsregister als juristische Person weiter. Die Abwicklung ist aber jetzt Gegenstand der Unternehmung geworden.

9.2.4 Konkursbilanz

Durch das Konkursverfahren soll das einem Gemeinschuldner gehörende pfändbare Vermögen, die sog. Konkursmasse, erfaßt und an die Konkursgläubiger gleichmäßig verteilt werden.

Die Lage des Gemeinschuldners ist nach § 124 Konkursordnung (KO) durch ein Inventar und eine Bilanz des Konkursverwalters darzutun. Darin erscheinen die Aktiven mit dem voraussichtlichen Veräußerungswert. Nicht unter die Konkursmasse fallen Gegenstände, die dem Gemeinschuldner nicht gehören, sich aber zur Zeit der Konkurseröffnung in seinem Besitz befinden, z.B. geliehene Sachen oder solche mit Eigentumsvorbehalt. An derartigen Vermögenswerten besteht ein **Aussonderungsrecht.**

Von der Konkursmasse sind **abzusondern** solche Werte, an denen Gläubiger (z.B. durch eine eingetragene Hypothek) ein Pfandrecht haben. Werden im Interesse der Konkursabwicklung noch Geschäfte abgeschlossen, so entstehen keine Konkursgläubiger. Solche Verbindlichkeiten sind voll aus der Konkursmasse zu begleichen (→ Massegläubiger (→ Masseschulden)).

Nach Aus- und Absonderung zeigt die Verteilung der Masse folgende Reihenfolge: Masseschulden und Massekosten, bevorrechtigte Forderungen in 5 Rangklassen nach § 61 KO und endlich die nicht bevorrechtigten Forderungen der Konkursgläubiger. Ihr Konkursanteil heißt auch Konkursdividende (-quote). Seit 1973 nehmen rückständige Löhne und Gehälter (3 Monate) eine bevorrechtigte Stellung ein.

9.2.5 Vergleichsbilanz

Zweck des Vergleichsverfahrens ist die Abwendung des Konkurses (§ 1 VglO). Vergleiche haben das Ziel, in Not geratene Unternehmen durch Schuldennachlaß oder -stundung wieder lebensfähig zu machen.

Den Antrag auf Eröffnung des Vergleichs-Verfahrens kann nur der Schuldner selbst beim Amtsgericht stellen. Grundlage jedes Vergleichs ist die Vergleichsbilanz, aus der die Vermögens- und Schuldensituation hervorgeht. Aus ihr muß ersichtlich sein, daß mindestens 35% der Gläubigerforderungen erfüllt werden (bei Zahlung in einem Zeitraum von mehr als einem Jahr). In der Vergleichsbilanz müssen die aus- und absonderungsfähigen Gegenstände kenntlich gemacht werden (Gliederung nach rechtlichen Gesichtspunkten). Außerdem soll das Reinvermögen zu Tageswerten bewertet werden.

In der Konkursbilanz ist die Bewertung weniger verantwortungsvoll, da die Unternehmung aufhört zu bestehen. In der Vergleichsbilanz hingegen ist die Bewertung das Wichtigste. Falsche Bewertung kann zu einer sinnlosen Fortführung des Betriebes führen, was eine weitere Schädigung der Gläubiger zur Folge haben kann.

9.2.6 Sanierungsbilanz

Sanierung bedeutet alles, was der "Gesundung" der Unternehmung dient. Voraussetzung der Sanierung ist, daß das "kranke" Unternehmen besserungsfähig ist. Das muß durch eine Kapitalbedarfs- und Rentabilitätsrechnung als Vorschaurechnung festgestellt werden.

Möglichkeiten der finanziellen Sanierung:

Auflösung von Rücklagen, Kapitalherabsetzung (oft verbunden mit gleichzeitiger Kapitalerhöhung = Zuzahlung), Schulderlaß der Gläubiger, Umwandlung von Gläubigerforderungen in Beteiligungen, Zuführung neuer Mittel (Zuzahlung, Kapitalerhöhung).

Die in der Praxis häufigste Sanierungsform ist die Kapitalherabsetzung (die Aktien werden z.b. im Verhältnis 2 : 1 zusammengelegt), dadurch entsteht ein Buchgewinn. Dieser unterliegt nicht der Körperschaftsteuer. Die Sanierungseröffnungsbilanz muß die Sanierungsbedürftigkeit erkennen lassen. Ist die Sanierung beendet, wird eine Sanierungsschlußbilanz erstellt, die die Auswirkungen der Sanierung zusammenfaßt: z.b. erscheint das Eigenkapital in neuer Höhe, oder die Verbindlichkeiten werden um die erlassenen Schulden verringert ausgewiesen.

9.2.7 Auseinandersetzungsbilanz

Sie wird aufgestellt, wenn ein Gesellschafter aus einer Handelsgesellschaft ausscheidet. Der Gesellschafter hat Anspruch auf Zahlung eines Geldbetrages in Höhe des auf ihn entfallenden Anteils am Werte der Unternehmung. Die Auseinandersetzungsbilanz dient der Ermittlung des Gesamtwertes der Unternehmung. Besonders schwierig ist dabei die Bewertung. Im Gesamtwert ist der "good will" (= Firmenwert) zu berücksichtigen.

Beispiel:
Drei Gesellschafter, jeder eine Million Einlage.
Nach fünfzehn Jahren scheidet einer aus. Es ist der Wert der Unternehmung als Ganzes zu ermitteln. Der Substanzwert (= sämtliche Vermögenswerte) betragen 6 Millionen. Davon stünden dem Gesellschafter also 2 Millionen zu.
Der Substanzwert liegt 100% über dem Nominalwert der Einlage.
Der Gesellschafter verlangt aber seinen Anteil vom Wert der Unternehmung als Ganzes, da die Rendite seines Kapitals nicht mehr so gut sein wird (vielleicht 7 % landesüblicher Zinsfuß).

Einige betriebswirtschaftliche Autoren (z.B. MELLEROWICZ) verstehen unter dem Unternehmenswert auch den Ertragswert: UW = EW
Der Ertragswert entsteht durch Kapitalisierung des Ertrages. Er ist der Barwert der in Zukunft eingehenden tatsächlichen Erträge und wird nach der Rentenbarwertformel errechnet.

Die Grundlagen des Ertragswertes sind der Gewinn (Durchschnittsertrag der Vergangenheit als Maßstab für die zukünftigen Gewinne, diese werden anhand von Trendberechnungen und Konjunkturentwicklung etc. geschätzt) und der branchenübliche Kapitalisierungszinsfuß (landesüblicher Zinsfuß + branchenüblicher Risikozuschlag).
Er betrage in unserem Beispiel 10 Millionen.

Da aber die Ertragswertberechnung sehr viele Unbekannte enthält, korrigiert man in der Praxis diesen Wert mit dem Substanzwert (auch SCHMALENBACH fordert diese Korrektur):

$$\frac{SW + EW}{2} = UW \qquad \begin{aligned} SW &= 6\,\text{Mill} \\ EW &= 10\,\text{Mill} \end{aligned} \qquad UW = \text{arithm. Mittel} = 8\,\text{Mill}$$

Davon enthält also der ausscheidende Gesellschafter seinen Anteil.

Kontrollfragen zu Kapitel 9

1. Aus welchen Gründen werden außerordentliche und unternehmensinterne Bilanzen erstellt?

2. Nach welcher Rechtsvorschrift ist eine Gründungsbilanz zu erstellen, welcher Zweck wird mit der Erstellung einer Gründungsbilanz verfolgt?

3. Charakterisieren Sie kurz die wesentlichsten Merkmale von Fusions-, Liquidations-, Konkurs- und Vergleichsbilanz!

4. Welche Möglichkeiten zur finanziellen Sanierung einer Unternehmung schlagen Sie unter welchen Voraussetzungen vor?

5. Wann wird eine Auseinandersetzungsbilanz erstellt, welche Bewertungsschwierigkeiten treten dabei auf?

10. Bilanzpolitik

10.1 Allgemeines

Zweck der Bilanzpolitik ist es, Bilanz, Erfolgsrechnung und Geschäftsberichte auf bestimmte Unternehmensziele auszurichten. Die bilanzpolitischen Entscheidungen werden von der Finanzpolitik der Unternehmung beeinflußt, Ziele und Mittel der Bilanzpolitik können in jedem Jahr andere sein. Die Bilanzpolitik beginnt bereits mit der Bilanzplanung, bei der der Liquiditäts- und Erfolgsausweis der Unternehmung im Vordergrund steht. Die Bilanzplanung ist eng mit allen anderen Teilen der Unternehmensplanung verzahnt (simultane Planung). Die Ausgangsgrundlage der Bilanzpolitik ist die letzte Bilanz.

Durch das neue AktG sind der Bilanzpolitik engere Grenzen gesetzt worden, vor allem die Bewertungs- und Rücklagenpolitik ist stark eingeschränkt worden, die an sich die Hauptanwendungsgebiete der Bilanzpolitik darstellen.

Für die Bilanzpolitik ist die jeweilige "Geschäftslage" wesentlich: bei ungünstiger Ertragslage wird von mehreren gesetzlich zulässigen Werten der obere gewählt, insbesondere dann, wenn Kredite aufgenommen werden sollen. Umgekehrt wird die untere Wertgrenze gewählt, wenn stille Reserven gebildet werden sollen.

10.2 Möglichkeiten der Bilanzpolitik nach dem neuen AktG

10.2.1 Bewertung von Sachanlagen

Der Gesetzgeber verlangt planmäßige Verteilung der Anschaffungswerte auf die Nutzungsdauer. Es müssen jedoch alle notwendigen Abschreibungen vorgenommen werden, andererseits dürfen außerplanmäßige Abschreibungen durchgeführt werden. Die allgemeine Umschreibung der Wertuntergrenze für Anlagevermögen schafft einen erheblichen Bewertungsermessensspielraum.

Umlaufvermögen: Auch hier bleibt bei starken Wertschwankungen ein erheblicher Spielraum (Lifo-, Fifo-Verfahren usw.). Ähnlich verhält es sich bei der Bewertung zu Herstellkosten.[1]

Rücklagenpolitik: Hier muß entschieden werden, welcher Teil des Bilanzgewinns einbehalten werden soll, und welche Beträge zur Ausschüttung gelangen sollen.

[1] Vgl. dazu die Punkte 4.4 (Seite 30), 4.6.1 (Seite 37), 7.3.2.1 (Seite 62)

Im Gegensatz zur Rücklagenbildung belastet jede Gewinnausschüttung die finanziellen Pläne der Unternehmung, besonders in Zeiten des Aufbaus oder der Ausdehnung. Im neuen AktG ist das Einbehalten von Gewinnen (in "gläsernen, aber verschlossenen Taschen") gesetzlich begrenzt.

Diese Beschränkung (Hälfte des Grundkapitals) könnte für die Unternehmungen Anlaß zur Kapitalerhöhung aus Gesellschaftsmitteln sein, um daraufhin verstärkt Rücklagen zu bilden (Kapital-Erhöhung aus Gesellschafts-Mitteln: Rücklagen werden in Haftungskapital umgewandelt und Gratisaktien an die Aktionäre ausgegeben; in der Regel ist dann der Dividendensatz nicht mehr zu halten).

10.2.2 Gliederungspolitik

In beschränktem Umfang sind Zusammenfassungen und Saldierungen möglich (es muß nicht über das Mindestgliederungsschema des § 151 AktG hinausgegangen werden). Es kann aber auch eine weitere Fälligkeitsuntergliederung vorgenommen werden. Weitere Möglichkeiten: Offenlegung von Investitionen und Kapitalaufnahmen (z.B. durch Gegenüberstellung der Vorjahreszahlen).

Auch das neue AktG macht es nicht zur Pflicht, die Vorjahreszahlen ausweisen.

10.2.3 Liquiditätspolitik

Die Jahresbilanz ist nur eine Augenblicksbilanz für den Stichtag. Die tatsächliche Liquidität der Unternehmung läßt sich daraus nicht mit Sicherheit erkennen. Hier bestehen viele Möglichkeiten, die Bilanz zu "frisieren": Kurz vor dem Bilanzstichtag können Lieferanten-Verbindlichkeiten bezahlt oder nicht bezahlt werden (z.B. statt 14-tägige-, vierwöchige Zahlungsweise). Die Grundsätze für die Ausstellung von Wechseln können geändert werden; der Kauf geringwertiger Anlagegüter kann verstärkt oder eingestellt werden (z.B. Flaschen in der Getränkeindustrie, = erheblicher Posten), Gelder aufnehmen oder ausleihen, Außenstände mahnen etc.
Alle diese "Frisuren" sind in der Bilanz kaum erkennbar. Insbesondere von Kreditinstituten und Kapitalsammelstellen wird zum Ultimo 'window-dressing' betrieben.

10.2.4 Bilanz-Stichtag und -Vorlage

Diese Entscheidung ist besonders bei Saisonbetrieben eine sehr wichtige bilanzpolitische Entscheidung, bei hohen Lagerbeständen kommt es oft zu angespannter Liquidität, Verkaufsgewinne aus diesen Beständen werden in die Folgezeit verlagert.

10.2.5 GuV-Politik

Hier sind die Möglichkeiten sehr beschränkt, aber da der Posten "Steuern vom Einkommen, vom Ertrag und vom Vermögen" nicht unterteilt werden muß (= Zusammenfassung von Gewinn- und Kapitalsteuern), kann der steuerliche Gewinn aus der veröffentlichten GuV-Rechnung nur schwer abgeschätzt werden.

Außerdem muß man für diese Schätzung wissen, ob und in welcher Höhe Nachzahlungen für Vorjahre enthalten sind (auf diesbezügliche Fragen der Aktionäre muß auch nach neuem AktG nicht geantwortet werden).

10.2.6 Darstellungspolitik

Sie findet hauptsächlich in der Gestaltung des Geschäftsberichts Anwendung. Hier muß vor allem auf eine gewisse Werbewirkung geachtet werden ("schöne" Fotos von Werksanlagen etc., auch für Laien leicht verständliche Darstellungen, Zahlen aus dem Sozialbereich, Lehrlingsausbildung usw.).

Besonders gewinnen kann der Geschäftsbericht durch den Ausweis von Verhältniszahlen (wobei man immer die günstigeren wählt).

1. Unter welchen Aspekten betreibt eine Unternehmung Bilanzpolitik? Welchen Spielraum räumt dazu das neue AktG im Vergleich zum AktG von 1937 ein?

2. Wo sehen Sie Möglichkeiten, im Anlage- und Umlaufvermögen unter Berücksichtigung der aktienrechtlichen Vorschriften bilanzpolitisch zu bewerten?

3. Skizzieren Sie die bilanzpolitischen Möglichkeiten auf der Passivseite der Bilanz, insbesondere bei Bildung und Ausweis von Rücklagen!

4. Nennen Sie Ansatzpunkte für eine bessere Kontrolle der liquiditätspolitischen Verschleierungsmöglichkeiten!

5. Inwieweit sind Wahl des Bilanzstichtags und die mögliche Darstellungsform im Geschäftsbericht als bilanzpolitische Instrumente relevant?

11. Bilanzanalyse und Bilanzkritik

11.1 Begriff, Wesen und Zweck[1]

11.1.1 Bilanzanalyse

Hierunter versteht man die kritische Beurteilung und wirtschaftliche Auswertung der Bilanz.

Dabei wird die Bilanz zerlegt und zergliedert, die einzelnen Positionen der Bilanz werden also untersucht, um die Unternehmung durchleuchten und um insbesondere die Bilanzkritik durchführen zu können.

Interne Bilanzanalyse: Sie wird im Unternehmen für Zwecke des Unternehmens durch Angehörige der Geschäftsleitung, z.b. für Zwecke der Finanz- oder Investitionsplanung, durchgeführt.

Externe Bilanzanalyse: Wird durch Außenstehende veranlaßt, um aus den publizierten bzw. vorgelegten Bilanzen Einblick in ein Unternehmen zu gewinnen, z.b. im Zuge einer Kreditwürdigkeitsprüfung, in Verbindung mit einer steuerlichen Betriebsprüfung durch die Beauftragten des Finanzamtes oder in Zusammenhang mit der Marktbeobachtung durch Institute oder die Wirtschaftspresse.

11.1.2 Bilanzkritik

Sie prüft die Übereinstimmung der Bilanz mit den gesetzlichen Vorschriften und den Grundsätzen der Bilanzklarheit und -wahrheit und versucht, die wirtschaftliche Struktur, finanzielle Lage, Wirtschaftlichkeit, Rentabilität und Liquidität etc. kritisch offenzulegen.

LE COUTRE: "Aufgabe der Bilanzkritik ist es, die Lage, die Leistung und die Entwicklung des Betriebes und der Unternehmung festzustellen."

LE COUTRE unterscheidet:

(1) Die 'Kritik an der Bilanz': ob und inwieweit die Bilanz nach ihrer Gliederung ihre Aufgabe erfüllt und welche Zuverlässigkeit die ausgewiesenen Werte haben,

(2) die 'Kritik durch die Bilanz': Offenlegung der wirtschaftlichen Verhältnisse.

Auch die Bilanzkritik wird in **interne** und **externe** unterschieden, je nachdem von welchem Standpunkt aus sie vorgenommen wird. Für die interne Bilanz-

[1] Vgl. dazu: Börner, D., Grundprobleme des Rechnungswesens, WiSt 4/73, S. 153–158

kritik erhalten die Wirtschaftsprüfer, Betriebsberater oder qualifizierten Angestellten alles erforderliche Zahlenmaterial, besonders auch solche Zahlen, die nicht in den Bilanzen (und vor allem nicht in zur Veröffentlichung bestimmten Bilanzen) enthalten sind. Dadurch ist die interne Bilanzkritik gegenüber der externen wertvoller, denn für die externe Bilanzkritik durch außenstehende Dritte stehen nur die veröffentlichten Bilanzen sowie GuV-Rechnungen und Geschäftsberichte zur Verfügung. Dadurch kann z.b. der Umfang der in der Bilanz enthaltenen stillen Reserven meist nur geschätzt werden.

Die Bilanzkritik umfaßt:

(a) die Erschließung und kritische Stellungnahme zu den einzelnen Bilanzpositionen hinsichtlich der Bewertung und der Prüfung der Verhältnisse der einzelnen Bilanzpositionen zueinander.

(b) die vergleichende Gegenüberstellung mehrerer hintereinanderliegender Jahresabschlüsse einer Unternehmung hinsichtlich der Vermögens-, Finanz- und Ertragslage und der Entwicklung dieser einzelnen Kriterien (**materielle Bilanzkritik**).

(c) die Kritik der Bilanz selbst hinsichtlich ihrer Gliederung, Klarheit und Vollständigkeit (**formale Kritik**); meist geht der materiellen Kritik eine formale Kritik voraus (so z.B. bei Prüfungsberichten).

Mit Hilfe der Bilanzkritik sollen also auch mögliche Bilanzfälschungen, – verschleierungen, Darstellungsfälschungen (Darstellungsfälschung: Bilanz ist wohl zahlenmäßig richtig, jedoch wurden unrichtige Bezeichnungen für die ausgewiesenen Werte gewählt), Ergebnisfälschung oder eine falsche Berichterstattung aufgezeigt werden.[1]

11.2   Technik der Bilanzanalyse und -kritik

Da in der Literatur meist nicht genau zwischen Bilanzanalyse und -kritik unterschieden wird, wird nachfolgend beides zusammen behandelt.

11.2.1 Vorbereitung

Das zusammengetragene Zahlenmaterial wird entsprechend dem Zweck der Bilanzanalyse geordnet und gegliedert (Prüfung der Brauchbarkeit der Zahlenangaben, Ordnung nach Liquiditätsmerkmalen, Zusammenfassung einzelner Bilanzposten zu Hauptgruppen, Überprüfung der einzelnen Posten auf ihre richtige Einordnung in die Hauptgruppen).

---

[1] Vgl. dazu: Adler/Düring/Schmaltz: Rechnungslegung und Prüfung der Aktiengesellschaft, Band II, 4. Auflage, Stuttgart 1971

11.2.2 Die Aufbereitung des Zahlenmaterials

Es werden entweder Verhältnis- oder absolute Zahlen herangezogen. Absolute Zahlen sagen nur im Vergleich etwas aus (Zeit- oder zwischenbetrieblicher Vergleich), Verhältniszahlen können Prozent- (Gliederungs-), Index- und Beziehungszahlen sein. [1)]

(a) Prozentzahlen geben die Zusammensetzung einer Gesamtmasse wieder. Sie lassen die Bilanzstruktur erkennen. Die Bilanzsumme wird gleich 100 gesetzt und der prozentuale Anteil jedes Bilanzpostens (oder jeder Hauptgruppe) berechnet.
Beispiel: Wieviel Prozent der Bilanzsumme macht das Anlagevermögen aus?

(b) Indexzahlen vergleichen gleichartige Massen. Sie verdeutlichen die größenmäßigen Veränderungen der einzelnen Bilanzposten (oder -gruppen) zeitlich aufeinanderfolgender Bilanzen.
Die Bilanzposten der Ausgangsbilanz werden gleich 100 (Standardzahlen) gesetzt, diejenige der Folgebilanzen zu den Standardzahlen in Beziehung gesetzt, d.h. auf 100 bezogen (z.B. Anlagevermögen 1972 = 50.000,– = 100, 1973 = 60.000,– = 120).

(c) Beziehungszahlen entstehen durch Gegenüberstellung verschiedener Massen, zwischen denen ein ursächlicher Zusammenhang besteht, z.B. Anlagevermögen zu Umlaufvermögen, Umsatz zu Reingewinn, Eigenkapital zu Anlagevermögen.

11.3 Auswertung

11.3.1 Probleme

Die Auswertung erfolgt durch Vergleich sowohl der Bilanzposten (und Hauptgruppen) einer einzelnen Bilanz (Untersuchung des Zustandes), als auch der Bilanzposten mehrerer aufeinanderfolgender Bilanzen derselben Unternehmung (Untersuchung der Entwicklung) oder mehrerer Bilanzen verschiedener Unternehmungen eines Wirtschaftszweiges (Untersuchung der Lage).
Nach SCHNETTLER [2)] treten beim Bilanzvergleich drei Hauptprobleme auf:

(a) Wenn die Bilanzgliederung nicht gesetzlich vorgeschrieben ist, kann sich der Inhalt der einzelnen Bilanzposten unterscheiden.

(b) Die gesetzlichen Vorschriften gestatten für die Bewertung meist einen gewissen Spielraum.

[1)] Vgl. dazu: Florentz, X., Statistik, Methodenlehre I + II, 7. Aufl., VVF-Verlag, München 1977.

[2)] Vgl. dazu: Schnettler, A., Betriebsanalyse, 2. Auflage, Stuttgart 1960.

(c)   Die Bilanz wird von der Bilanzierungspolitik der Unternehmens-
        leitung geprägt.

Werden außerdem Bilanzen verschiedener Branchen verglichen, deren Vermögensstruktur sehr unterschiedlich ist, dann wird die Genauigkeit eines
Bilanzvergleichs stark eingeschränkt. Da beim Anlagevermögen ein größerer
Bewertungsspielraum gegeben ist als beim Umlaufvermögen, sind die Einflüsse unterschiedlicher Bewertung in Branchen mit relativ hohem Anteil an
Anlagevermögen stärker wirksam, als in Branchen mit relativ hohem Anteil
an Umlaufvermögen.

11.3.2   Beurteilung des Kapitalaufbaus

Die Kapitalstruktur wird durch das Verhältnis zwischen Eigenkapital und
Fremdkapital festgestellt. Eine allgemeine Regel, wie dieses Verhältnis aussehen soll, gibt es nicht. Es hat sich gezeigt, daß keine der vorgeschlagenen
Verhältniszahlen (z.B. 2 : 1 oder 1 : 1) wirklichkeitsnahe Aussagen über
diese Proportionen treffen kann, denn **die Höhe des Eigenkapitals ist in erster
Linie von der Höhe des Risikos abhängig.**
Ist die Ertragslage gut, besteht kaum Gefahr, daß Fremdkapital abgezogen
wird. Für die Beantwortung der **Frage, ob die Kreditkosten für ein fremd-
kapitalintensives** Unternehmen tragbar sind, ist nicht die absolute Höhe der
Kapitalkosten (aus GuV ersichtlich), sondern deren Relation zur Ertrags-
fähigkeit der Unternehmung entscheidend.

Ein hoher Eigenkapitalanteil hat jedoch eine Reihe von Vorteilen: höhere
Kreditwürdigkeit, keine plötzliche Kündigungsgefahr, kein Einblick in die
Unternehmung durch Kreditgeber, kein Mitspracherecht für sie, keine starre
Zinsbelastung, sondern flexible Dividendenzahlungen.

Die Auflösung von auf der Aktivseite gebildeten stillen Reserven bewirkt ein
Ansteigen des Eigenkapitals (Rücklagen und Gewinn), das Auflösen von in
den Passivposten gebundenen stillen Reserven dagegen einen Rückgang des
prozentualen Anteils von Fremdkapital am Gesamtkapital.

Solche differenzierten Aussagen kann natürlich nur der interne Bilanzkritiker
treffen, weil nur er den nötigen Einblick und Zugang zu dem Zahlenmaterial
der Geschäftsbuchhaltung hat.

Das Fremdkapital wird weiter nach Fälligkeit (lang-, mittel-, kurzfristig) unterteilt, um durch Vergleich mit den nach Liquiditätsgesichtspunkten gegliederten
Vermögensteilen der Aktivseite die Liquiditätsverhältnisse aufzuzeigen (Kapital-
bindungs- und Kapitalüberlassungsfristen sollen übereinstimmen).

Aufschlußreich ist auch das **Verhältnis von Kapital und Umsatz,** wenn Ver-
gleichsmöglichkeiten bestehen (Feststellung einer Über- oder Unterkapitalisierung).

11.3.3 Analyse des Vermögensaufbaus

Hierbei ist zu beachten, daß das Untersuchungsergebnis wesentlich von der Art der Bewertung abhängt, die bekannt sein muß, wenn ein maßgebendes Urteil gefällt werden soll. Nach Möglichkeit sollte das Gesamtvermögen getrennt werden in betriebsnotwendiges und nicht betriebsnotwendiges Vermögen, da das Reservevermögen leichter entbehrlich ist und in keinem funktionalen Zusammenhang zur Leistungserstellung steht.

Wichtigste Gliederung ist die in Anlage- und Umlaufvermögen. Der Quotient Anlagevermögen: Umlaufvermögen ist Maß für die Anlageintensität der Unternehmung. Je höher das Umlaufvermögen ist, um so elastischer kann sich die Unternehmung wechselnden Marktsituationen anpassen. Hingegen sind Unternehmungen mit hohem Anlagevermögen konjunkturempfindlicher, bei ihnen ist der Fixkostenanteil hoch.

Ein solches Bild kann täuschen, wenn z.b. langfristige Abnahme- oder Lieferverpflichtungen bestehen oder aber langfristige Leasingverträge abgeschlossen wurden, die eigentlich eine höhere Anlageintensität bewirken, obwohl die entsprechende Anlagen nicht aktiviert wurden. Zu beachten ist, daß die durch eine hohe Anlageintensität bedingte Inflexibilität grundsätzlich nur quantitativer Art ist. Besteht das AV vornehmlich aus Mehrzweckmaschinen, so kann trotz quantitativer Unbeweglichkeit eine hohe qualitative Beweglichkeit vorliegen. Nähere Kenntnis über das zu analysierende Unternehmen sind also erforderlich. Gewisse Unterlagen dafür kann der Geschäftsbericht der Aktiengesellschaft bieten.

11.3.4 Untersuchung der Investitionsdeckung[1]

Die betriebswirtschaftliche Finanzierungslehre beherrschten lange Zeit hindurch gewisse Deckungsvorstellungen zwischen Investitionen und deren Finanzierung, zwischen "**Mittelbereitstellung**" und "**Mittelverwendung**". Diese Forderungen wurden auf die Bilanzpositionen bzw. -positionsgruppen übertragen.

Ein typisches Beispiel ist die sog. "**Goldene Bilanzregel**". Nach ihr muß das Umlaufvermögen durch (befristet zur Verfügung stehendes) Fremdkapital und das Anlagevermögen durch (langfristig oder dauernd zur Verfügung stehendes) Eigenkapital gedeckt sein. Diese auf die Bilanzpositionen angewandten Deckungsregeln sind jedoch viel zu grob. Mit der Aussage, das Umlaufvermögen solle dem befristet zur Verfügung stehenden Fremdkapital entsprechen, ist schon deshalb nicht viel anzufangen, weil eine Unternehmung ohne hinrei-

---

[1] Vgl. dazu: Groß, A./Florentz, X., Investition, 5. Aufl., VVF-Verlag, München 1978 und Groß, A./Fiorentz, X., Finanzierung, 5. Aufl., VVF-Verlag, München 1978.

chendes Umlaufvermögen nicht existieren kann und demzufolge das Umlaufvermögen einer Unternehmung nicht ohne weiteres zur Tilgung des zurückzuzahlenden Fremdkapitals bereitsteht (v. WYSOCKI).[1]

Um fällige Verbindlichkeiten tilgen zu können, kann die Unternehmung unabhängig vom jeweiligen Bilanzausweis neben den Barmitteln und neben etwaigen Kreditlinien nur auf die zur Fortführung der Leistungserstellung **nicht** notwendigen liquidisierbaren Vermögensgegenstände zurückgreifen. Ein externer Bilanzkritiker kann aber nicht erkennen, welche Teile des Umlaufvermögens (und gegebenenfalls welche Teile des Anlage- und des Finanzvermögens) für das Unternehmen nicht betriebsnotwendig und deshalb innerhalb angemessener Zeiträume liquidisierbar sind.

Ähnliche Informationsschwierigkeiten ergeben sich auf der Passivseite der Bilanz. Das Eigenkapital kann z.b. bei Personengesellschaften aufgrund des Gesellschaftsvertrages relativ kurzfristig durch einen Gesellschafter kündbar sein (z.b. bei Ausscheiden). Andererseits gibt es Fremdkapital, das, obwohl de jure kurzfristig, der Unternehmung dennoch langfristig, evtl. sogar während der gesamten Lebensdauer (revolvierend) zur Verfügung steht (z.b. bestimmte Lieferanten- und Kontokorrentkredite).
Durch die erweiterten Gliederungsvorschriften des AktG 1965 (besonderer Ausweis der Laufzeiten bzw. Restlaufzeiten bestimmter Forderungen und Verbindlichkeiten ist vorgeschrieben[2]) lassen sich die genannten Informationsmängel nur teilweise beseitigen.

Wegen der Mängel der "Goldenen Bilanzregel i.e.S." hat die Finanzierungslehre die "**Goldene Bilanzregel i.w.S.**" entwickelt. Sie fordert die Finanzierung des betriebsnotwendigen Vermögens mit langfristigem Kapital. Jedoch ist auch bei langfristiger Finanzierung die Notwendigkeit einer Kapitalsubstitution oder Prolongation nicht zu umgehen. Denn die meisten Unternehmen haben eine längere Lebensdauer als langfristiges Fremdkapital gewährt wird.

Trotz der erwähnten Unzulänglichkeiten geben folgende Quotienten in etwa auf die Frage Auskunft, ob sich Kapitalherkunft und -verwendung entsprechen:

(1) $$\frac{\text{Anlagevermögen}}{\text{langfristiges Fremdkapital und Eigenkapital}}$$

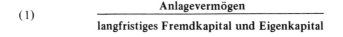

(2) $$\frac{\text{Anlagevermögen und betriebsnotwendiges Umlaufvermögen}}{\text{langfristiges Fremdkapital und Eigenkapital}}$$

---

[1] Vgl. dazu: v. Wysocki, K., Die Kapitalflußrechnung als integrierter Bestandteil des aktienrechtlichen Jahresabschlußes, in: WPg 1971, S. 617–625

[2] Vgl. dazu Punkt 7.3.2.2 (Seite 64) und 7.4.6 (Seite 72)

Bei dem Quotienten (2) geht man davon aus, daß der Teil des Umlaufvermögens, der zur Erhaltung der Betriebsbereitschaft ständig vorhanden sein muß, anlageähnlichen Charakter hat und deshalb auch entsprechend finanziert werden muß.

Der Quotient (1) gibt die "strukturelle Liquidität" (SCHÄFER) der Unternehmung wieder. Sie kann aus der Bilanz für einen bestimmten Zeitpunkt ermittelt werden (Bilanz = Strukturbild). Im Laufe des Geschäftsjahres wird diese strukturelle Liquidität durch die dispositiven Maßnahmen der Geschäftsleitung verändert.

Im Gegensatz zu der Momentanliquidität, wie sie die strukturelle Liquidität angibt, bezeichnet man die sich während des Geschäftsjahres verändernde Liquidität als "dispositive Liquidität" (SCHÄFER). Die dispositive Liquidität baut auf der strukturellen Liquidität auf.

Um festzustellen, ob der Anlagezugang (Investitionen) durch die Abschreibungen finanziert werden konnte, bildet man den Quotienten

$$\frac{\text{Abschreibungen}}{\text{Anlagenzugang}}$$

Im Geschäftsbericht werden die Abschreibungen auf die Zugänge angegeben, wodurch im Laufe der Jahre eine ziemlich gute Kontrolle der Abschreibungspolitik und der Bildung von stillen Reserven in der Unternehmung möglich ist.

11.3.5 Analyse der Liquidität

Unter Liquidität versteht man im allgemeinen die Zahlungsbereitschaft eines Unternehmens zu einem bestimmten Zeitpunkt, d.h. die Verfügungsmacht über Geld oder geldlich realisierbare Sachgüter zur rechtzeitigen Erfüllung der Zahlungsverpflichtungen. Aus der Liquiditätsbilanz läßt sich jedoch nur die statische Liquidität erkennen. Sie zeigt die momentane Liquidität einer Unternehmung, läßt jedoch nur geringe Rückschlüsse über die Liquiditätsentwicklung zu.

Um die Liquiditätsbilanz aufstellen zu können, muß die ordentliche Bilanz nach zwei Merkmalen umgruppiert werden.

(a)   nach dem **Grad der Bindung** der einzelnen Vermögensteile (freies Vermögen = nicht betriebsnotwendig; gebundenes Vermögen = betriebsnotwendig) und

(b)   nach der **Dauer der Geldwertung** der Vermögensteile bzw. nach der Dringlichkeit der Schulden.

Es sind nicht nur die Verbindlichkeiten den liquiden Mitteln gegenüberzustellen, sondern auch die unbedingt erforderlichen laufenden Ausgaben im Betrieb (Löhne, Materialeinkauf etc.) sind zu berücksichtigen.

Ob eine **Liquiditätsüber-** oder **-unterdeckung** vorliegt, wird durch eine Gegenüberstellung des Kapitals mit dem freien Vermögen jeweils eines Liquiditätsgrades ermittelt.

Beispiel:

Binnen ein bis drei Monaten müssen 1 Mill. gezahlt werden (2. Grad). Das in ein bis drei Monaten sich in Geld umwandelnde freie Vermögen beträgt 800.000,– ––► Differenz von 200.000,– ––► Fehlbetrag von 200.000,– zur Begleichung der Verbindlichkeiten (Liquiditätsunterdeckung).
Sind jetzt aus der Gegenüberstellung der Vermögenswerte 1. Grades nicht 200.000,– frei ––► Beschaffung des Fehlbetrages durch Kreditaufnahme.

Liquiditätsgrad (auch Deckungsgrad):

Werden nicht alle Posten der Bilanz umgeformt, so kann man, um ähnliche Einblicke in die Liquiditätslage zu erhalten, **Liquiditätskennzahlen** bilden.
Sie drücken das Verhältnis von Zahlungsverpflichtungen zu vorhandenen flüssigen Mitteln aus und geben somit Antwort auf die Frage, in welchem Maße die Verbindlichkeiten durch entsprechende Forderungen oder Bestände gedeckt sind.

Man unterscheidet zwei bis drei Liquiditätsgrade:

1. Grad $\quad\dfrac{\text{Geldwerte} + \text{kurzfristige Forderungen}}{\text{kurzfristige Verbindlichkeiten}}$

2. Grad $\quad\dfrac{\text{kurzfristig gebundes Umlaufvermögen}}{\text{kurzfristige Verbindlichkeiten}}$

3. Grad $\quad\dfrac{\text{gesamtes Umlaufvermögen}}{\text{gesamten Verbindlichkeiten}}$

Gliederung optimaler Unternehmens-Liquidität:

(a) Nach Menge, Flüssigkeit und Umschlagdauer der in der Unternehmung verfügbaren Vermögensgüter.

(b) Nach Höhe und Dringlichkeit der Zahlungsverpflichtungen (nach STROBEL[1]):

[1] Vgl. dazu: Strobel, A., Die Liquidität, Methoden ihrer Berechnung, 2. Auflage, Stuttgart 1953

Abb. 23

Liquidität (Zahlungs- fähigkeit)	Überliquidität Optimalliquidität Unterliquidität
	Grenz- liquidität
Illiquidität (Zahlungs- unfähigkeit	Zahlungsstockung Zahlungsein- stellung

11.3.6 Analyse des Kapitalumschlags

Der Kapitalumschlag ist eine Kennzahl für das Verhältnis von Umsatz zu
Eigenkapital bzw. besser zu (durchschnittlichem) Gesamtkapital. Man erhält
eine Kennzahl für Umschlagsdauer oder für Umschlagshäufigkeit.

$$\frac{\text{Umsatz}}{\text{Kapital}} = \text{Kapitalumschlag}$$

Die erhaltene Kennzahl gibt Auskunft, wie hoch der Umsatz pro investierte
Währungseinheiten ist und mißt damit die Nutzung des investierten Kapitals.

Durch Rationalisierung kann der Kapitalumschlag beschleunigt werden, was
besonders für fremdfinanzierte Unternehmen bedeutungsvoll ist. Bei hohem
Kapitalumschlag genügt eine kleine Gewinnspanne, um eine hohe Rentabilität
zu erzielen, z.B. Kapitalumschlag 1, Gewinnspanne 10 %: Rentabilität 10 %; oder
Kapitalumschlag 3, Gewinnspanne 5 %: Rentabilität 15 %.

Welche Bedeutung die Umsatzgeschwindigkeit auf Gewinn und Rendite hat,
läßt sich an der Kapitalertragszahl ablesen:

$$\frac{\text{Gewinn}}{\text{Umsatz}} \times \frac{\text{Umsatz}}{\text{Kapital}} = \text{Kapitalertragszahl (= Rendite),}\ \text{Return on Investment}$$

Die Kapitalertragszahl oder Return on Investment berücksichtigt also alle am
Gewinn beteiligten Faktoren des Betriebes und wird auch für die Gliedbetriebe
und für die einzelnen Produkte ermittelt. Auf Grund dieser Analyse wird in
manchen amerikanischen Betrieben nicht nur die Geschäftspolitik bestimmt,
sondern vielfach auch die gesamte Betriebsplanung aufgebaut. R.o.I. ist besonders wichtig für Produktions- und Sortenprogramm, für Investitionsplanung
und Preispolitik, außerdem ist es eine wichtige Kreditunterlage der Banken.

$$\frac{\text{Gewinn}}{\text{Umsatz}} = \text{Umsatzgewinnrate}$$
(Umsatzerfolg)

Die Umsatzgewinnrate hängt vom Verhältnis der Erlöse zu den Kosten ab
(= Gewinn).
Sinkt die Umsatzgewinnrate, so kann dies durch eine Erhöhung des Kapital-
umschlags kompensiert werden. Ebenso umgekehrt, wenn eine bestimmte
Kapitalertragszahl erreicht werden soll.
Ähnlich kann ein steigender Kapitalbedarf durch Steigerung der Umsatz-
häufigkeit kompensiert werden.

Andere Umschlagsziffern:

(a) $\dfrac{\text{Lagerabgang}}{\text{durchschnittlicher Lagerbestand}} = \text{Lagerdauer (Umschlags-häufigkeit)}$

Beispiel: $\dfrac{\text{Lagerabgang} \quad = 120.000\,\text{DM}}{\phi\,\text{Lagerbestand} \quad = \ \ 30.000\,\text{DM}} = \text{das Lager wird viermal umgeschlagen}$

(b) $\dfrac{\text{durchschnittlicher Bestand an Warenforderungen}}{\text{Verkaufsumsatz}} = \phi\,\text{Debitorenziel}$

(c) $\dfrac{\text{Umsatz}}{\text{durchschnittlicher Warenbestand}} = \text{Umsatzhäufigkeit}$

Die genannten Umschlagsziffern zeigen also, welchen Beitrag die einzelnen
Größen zum Geld – Waren – Geld – Umschlag der Unternehmung leisten
(= Wertefluß der Unternehmung, RIEGER).
Änderungen dieser Kennziffern und Abweichungen vom Branchendurchschnitt
müssen Anlaß sein, den Gründen nachzuspüren.

11.3.7 Analyse der Kreditwürdigkeit

Die Kreditwürdigkeitsprüfung dient als Unterlage für eine Entscheidung über
die Gewährung beantragter oder die Belassung eingeräumter Kredite. Als
Kreditwürdigkeit bezeichnet man die Fähigkeit einer Unternehmung, einen
aufgenommenen Kredit mit Zinsen termingerecht zurückzahlen zu können.

Die Prüfung der Kreditwürdigkeit ist nur durch einen internen Prüfer möglich,
er muß analytisch-kritisch die bisherige Entwicklung und die derzeitige Lage
des Unternehmens würdigen, sowie die Zukunftsaussichten des Unternehmens

abschätzen. Daraus ergibt sich die Möglichkeit der Verzinsung und Rückzahlung des Kredits sowie Feststellung der erforderlichen Höhe und Laufzeit
des Kredits und seiner Besicherungsmöglichkeiten.
Zu untersuchen sind

(1) **Die Vermögenslage**

    (a)   Die Bewertung des Vermögens muß korrigiert werden. Stille
Reserven, häufig entstanden durch Ausnutzung der steuerrechtlichen Sonderabschreibungen sind aufzulösen (Ersetzen der Buch-
werte durch Zeitwerte).

            Besser ist es, jeden Bilanzposten mit vier Werten anzusetzen:
Buchwert, Verkehrswert (= Teilwert), Liquidationswert (Verkauf
ohne Zeitdruck) und Konkurswert (Verkauf unter Zeitdruck).
Dadurch lassen sich die möglichen Sicherheiten mit einem Blick
erfassen.

    (b)   Der Kapitalaufbau (Verhältnis zwischen echtem Eigenkapital und
Fremdkapital), Branchenbesonderheiten und Saisonschwankungen
sind zu beachten.

    (c)   Das betriebsnotwendige Vermögen unter Würdigung der Umlauf-
werte.

    (d)   Fremde Rechte, etwa entstanden durch einfachen, verlängerten
und erweiterten Eigentumsvorbehalt, Verpfändung, Sicherungs-
übereignung oder Forderungsabtretung.

    (e)   Eventualverbindlichkeiten aus schwebenden Kontrakten oder
Gewährleistungsverpflichtungen.

(2) **Die Rentabilität**

(3) **Die Liquidität**

11.3.8 Die Ertragsanalyse

Bei der Ermittlung des Erfolges sollte die Bruttoerfolgsrechnung (Ausweis
sämtlicher Aufwendungen und Erträge, die aktienrechtliche Gliederung ist
nur eine teilweise Bruttorechnung) angewandt werden. Der in der GuV-
Rechnung ausgewiesene Erfolg muß in Betriebserfolg und außerordentlichen
Erfolg aufgespalten werden.
Wenn notwendig muß eine weitere Differenzierung erfolgen nach dem Erfolg,
der dem Leistungsbereich entspringt und dem, der dem Finanzbereich entspringt.
Außerdem ist eine Aufspaltung in betriebliche Haupt- und Nebenbeschäftigung
denkbar etc.

Damit wird erkennbar, was den Erfolg verursacht hat. Denn es ist wichtig zu wissen, ob ein Gewinn auf die normale Leistungsfähigkeit des Betriebes oder auf zufällige Spekulationserfolge, auf eine günstige Finanzierung oder auf intensive Rationalisierung zurückzuführen ist.

11.3.8.1 Schwierigkeiten externer Gewinnanalyse

Den "wahren" oder "absolut richtigen" Gewinn gibt es nicht. Schon die vielen Bilanztheorien beweisen, daß es soviele Gewinnbegriffe und Wege zur Gewinnermittlung wie Zwecke oder Ziele der Gewinnermittlung gibt.

Der im Jahresabschluß ausgewiesene Gewinn eines Unternehmens genügt in der Regel nicht den Anforderungen, Maßstab für die Beurteilung eines Unternehmens (oder einer Aktie) zu sein.

Der Jahresabschluß soll — so fordert das AktG — einen möglichst sicheren Einblick in die Vermögens- und Ertragslage der Gesellschaft ermöglichen, jedoch "im Rahmen der Bewertungsvorschriften". Aber auch im neuen AktG sind die Bewertungsvorschriften vom Gedanken des Gläubigerschutzes bestimmt. Dementsprechend muß der externe Bilanzanalytiker die Grenzen seiner Aussagen kennen. Denn seine Erkenntnisse basieren auf Wertansätzen, die wegen des "Anschaffungsprinzips" zum Teil historische Beschaffungspreise darstellen, die wegen des "Niederstwertprinzips" geschätzte Tagesbeschaffungs- oder -veräußerungspreise sind und die im Falle der Inanspruchnahme von "Bewertungsfreiheiten" ausschließlich fiktiven Charakter besitzen (v. WYSOCKI).

Der für die Analyse zu verwendende Gewinn muß die tatsächliche — von außerordentlichen Vorgängen unbeeinflußte — Ertragslage möglichst gut treffen. Deshalb muß der ausgewiesene Jahresüberschuß um alle außerordentlichen und insbesondere dispositionsbedingten Positionen korrigiert werden.

Beispiele:
Zuweisungen zu Pensionsrückstellungen, Unterstützungskassen und gewissen anderen Rückstellungen, Abschreibungen auf Beteiligungen, Wertberichtigungen auf das Umlaufvermögen (zwar nicht prinzipiell, aber oft der Höhe nach), auch das Aus- oder Nichtausnutzen steuerlich möglicher Sonderabschreibungen (z.B. verzichtete manches Stahlunternehmen der Optik wegen in den Rezessionsjahren 1967/68 auf die Sonderabschreibungen).

Allerdings stößt die Ausschaltung außerordentlicher Positionen auf Schwierigkeiten. Auf Grund des Gläubigerschutzes sind zwar alle außerordentlichen Erträge bekannt (sie müssen in der GuV-Rechnung extra ausgewiesen oder angegeben werden[1]), die außerordentlichen Aufwendungen sind jedoch

[1] Vgl. dazu Punkt 7. 6 (Seite 75)

ohne zusätzliche Erläuterungen nur zum geringen Teil aus der GuV-Rechnung ersichtlich.

11.3.8.2 Gewinnschätzung aus den Steuern

Der Gewinn, der in der Bilanz und in der GuV-Rechnung ausgewiesen wird, entspricht nur selten dem steuerlichen Gewinn (Steuerbilanz). Der bilanziell ausgewiesene Gewinn kann jedoch leicht an Hand der Steuerzahler, die in der GuV-Rechnung erscheinen, ungefähr nachgeprüft werden. Man schätzt den "tatsächlichen erwirtschafteten" Gewinn über die Steuern vom Einkommen, vom Ertrag und vom Vermögen (EEV-Steuern).

Im Prinzip besteht die Schätzung über die EEV-Steuern darin, daß man unter Berücksichtigung der relevanten Steuersätze sowie unter zusätzlicher Schätzung der Vermögens- und der Gewerbekapitalsteuer den Steuerbilanzgewinn schätzt und diesen dann um außerordentliche Einflüsse und dispositionsbedingte Vorgänge bereinigt.[1]

Diese Methode führt in der Regel zu durchaus brauchbaren Ergebnissen, vor allem dann, wenn das entsprechende Unternehmen stark in der Gewinnzone wirtschaftet, d.h. wenn die vermögensabhängigen Steuern gegenüber den ertragsabhängigen Steuern relativ unbedeutend sind und wenn man zudem noch in der Lage war, Vermögens- und Gewerbekapitalsteuer relativ genau zu schätzen.

Noch einfacher, aber natürlich ungenauer, läßt sich nach einer Faustregel von BÜHLER rechnen:[2]

Demnach sind ein Drittel des gesamten Steuerbetrages sonstige Steuern, zwei Drittel Körperschaftssteuer. Da der Körperschaftssteuer-Satz bekannt ist, kann eine Rückrechnung und damit Gewinnschätzung durchgeführt werden.

Die modernen Ertragsanalysen dürfen jedoch nicht mehr allein auf dem Gewinn basieren. Die verstärkte Publizitätsbereitschaft der deutschen Aktiengesellschaften gestalten viele Geschäftsberichte aufschlußreicher. Immer mehr Unternehmungen geben – in Anlehnung an die amerikanische Praxis – mit Hilfe moderner Kennzahlen einen wesentlich besseren Einblick in ihre Ertragslage. Zu diesen Kennzahlen gehört der "Cash Flow".

---

[1] Über die Gewinnschätzung aus den EEV-Steuern unterrichtet ausführlich H. Schlembach, "Die Gewinnschätzung aus den Steuern", Beiträge zur Aktienanalyse, Heft 3 1965 der Deutschen Vereinigung für Finanzanalyse und Anlagenberatung (DVFA).

[2] Vgl. dazu: Bühler/Scherpf, Bilanz und Steuer, 7. Auflage, München 1972

11.3.8.3 Der Cash Flow

Der Cash Flow (deutsch wörtlich: Kassen-Zufluß) **gibt an**, wieviel Geld das Unternehmen tatsächlich erwirtschaftet hat, d.h. **in die Kasse geflossen ist**. So gesehen eignet er sich sowohl für die Beurteilung der Ertragskraft als auch der Finanzierung eines Unternehmens.

Über den Begriff des Cash Flow bestehen jedoch — trotz immer größer werdender Verbreitung — noch sehr unterschiedliche Auffassungen, sowohl was die Zusammensetzung als auch die Aussagekraft betrifft. Eine wesentliche Ursache sind die differenzierten Gewinnausweismethoden und die verschiedenartigen Rechnungslegungs- und Bewertungsvorschriften in den einzelnen Ländern.

In den USA wird der **Cash Flow** als der Ertrag einer AG definiert, der über die reine Aufwanddeckung hinausgeht, also die **Summe aus Reingewinn, Zuführungen an Rücklagen und Abschreibungen.**

In der BRD müssen dagegen noch einige andere Positionen berücksichtigt werden, denn der ausgewiesene Gewinn stimmt nur in Ausnahmefällen mit dem betrieblichen Gewinn überein. Vor allem kommt den Rückstellungen im Gegensatz zu den meisten anderen Ländern eine besondere Bedeutung zu. Es setzte sich unter den verschiedenen Berechnungsmethoden (mit entsprechenden unterschiedlichen Ergebnissen) vor allem ein Konzept durch:

>   Jahresüberschuß (ggf. Jahresfehlbetrag als Minusposten)
>
> \+ Abschreibungen auf Sachanlagen und Beteiligungen
>
> ± Veränderungen der langfristigen Rückstellungen
>
> \+ außerordentliche Aufwendungen
>
> − außerordentliche Erträge
>
> ─────────────────────────────
>
> = Cash Flow
>
> − Dividendenzahlungen
>
> ─────────────────────────────
>
> = Netto-Cash Flow
>
> \+ Steuern vom Einkommen, Ertrag und Vermögen
>
> ─────────────────────────────
>
> = Brutto-Cash Flow

Bei der externen Bilanzanalyse werden an Stelle der langfristigen Rückstellungen oft nur die Veränderungen der **Pensionsrückstellungen** berücksichtigt, da nur diese bekannt sind.
Andererseits beziehen einige Unternehmen in die als Cash Flow veröffentlichten Zahlen auch die Veränderungen von Teilen der **Wertberichtigungen zum**

Umlaufvermögen ein.

Bei Konzernabschlüssen werden außerdem noch die Gewinnanteile Dritter im Cash Flow erfaßt.

Demnach würde – unter Einbeziehung dieser Faktoren – eine beispielhafte Cash Flow-Berechnung folgendermaßen aussehen:

	Jahresüberschuß	10,0
+	Anteile Dritter	0,5
+	Rücklagenerhöhung aus dem Ergebnis	3,0
–	Rücklagenauflösung	1,0
+	Abschreibungen auf das Anlagevermögen	25,0
+	Erhöhung der langfristigen Rückstellungen	3,0
+	Wertberichtigungen auf das Umlaufvermögen	3,5
+	außerordentliche Aufwendungen (1)	0,5
–	außerordentliche Erträge (2)	6,0
=	Cash Flow	38,5

(1) Hierunter gehören vor allem Verluste aus Anlageabgängen und Steuernachzahlungen, soweit sie das Jahresergebnis belastet haben.

(2) Die abzuziehenden a.o. und periodenfremden Erträge betreffen insbesondere Erträge aus Anlageabgängen und Zuschreibungen (ohne Veräußerungsgewinne nach § 6b EStG) sowie Erträge aus der Auflösung von Wertberichtigungen und Rückstellungen und die nach den Vorschriften des AktG 1965 gesondert auszuweisenden sonstigen a.o. Erträge.

11.3.8.3.1 Zweck der Cash Flow-Rechnung

Auf Grund der Cash Flow-Berechnung sollen also sämtliche Liquiditätszuflüsse erfahren werden, soweit sie nicht betriebs- oder periodenfremd sind. Deshalb ist der Bilanzgewinn um sämtliche buchtechnischen und a.o. **Gewinnminderungen zu erhöhen**, d.h. buchtechnische und a.o. **Erhöhungen** des Bilanzgewinns **sind abzusetzen**.

Durch die Cash Flow-Berechnung wird also der Teil der Umsatzerlöse erfaßt und sichtbar gemacht, dem keine ausgabewirksamen Aufwendungen gegenüberstehen, der mithin zur Verfügung steht für Investitionen, Dividendenzahlungen und Schuldentilgungen.

Der Cash Flow soll daher ein **Indikator** sein für:

(a) Die **Finanzkraft** des Unternehmens, d.h. seine Fähigkeit aus eigener Kraft Investitionen vorzunehmen (Selbstfinanzierungsspielraum), Schulden zu tilgen (Kreditwürdigkeit) und Dividenden auszuschütten. Damit soll gleichzeitig eine Aussage über die Wachstumschancen des Unternehmens gemacht werden.

(b) Die **Ertragskraft** des Unternehmens, d.h. die Fähigkeit künftig Gewinne zu erwirtschaften.

(c) Schließlich soll er, insbesondere im Rahmen der Wertpapieranalyse, eine zweckmäßige Kennziffer für **Betriebsvergleiche** sein.

11.3.8.3.2 Cash Flow als Maßstab der Finanzkraft

Die Höhe der Umsatzerlöse, denen keine ausgabenwirksamen Aufwendungen gegenüberstehen, ist sicher eine interessante Zahl für die Beurteilung des Selbstfinanzierungsspielraumes. Jedoch sollte diese Ziffer nicht isoliert gesehen werden:

- Eine Erhöhung des Sachanlagevermögens bedingt in der Regel auch eine Zunahme des Umlaufvermögens.

- Der Cash Flow kann z.B. noch nicht in voller Höhe zu Einnahmen geführt haben, sondern in gestiegenen Forderungen "investiert" sein.

- Es können – ggf. stoßweise anfallende – Ersatzinvestitionen vorzunehmen sein.

- Die Verschuldensgrenze kann bereits erreicht sein, so daß zur Durchführung von Investitionen außerdem erforderliche Fremdmittel nicht aufgenommen werden können; oder es können Schuldentilgungen erforderlich sein.

- Zur Begleichung der im Jahresabschluß durch langfristige Rückstellungen berücksichtigten Verbindlichkeiten können liquide Mittel notwendig sein, so daß diese für Investitionszwecke ausscheiden.

Für **Unternehmensentscheidungen** sind daher Cash Flow-Ziffern nur in begrenztem Umfange verwertbar. Für **externe Analysen** hat der Cash Flow als Indikator der Finanzkraft eine immer größer werdende Bedeutung gewonnen. Doch sollten die Cash Flow-Ziffern, die lediglich Auskunft über die **Mittelherkunft** geben, in Beziehung gebracht werden zu der sich aus der Jahresbilanz im Vergleich zur Vorjahresbilanz ergebenden **Mittelverwendung**. Denn der Cash Flow gibt weder Auskunft über die Liquidität (cash) noch über die im Geschäftsjahr vorgenommenen Investitionen (flow = Bewegungen).

11.3.8.3.3 Cash Flow als Maßstab der Ertragskraft

Die Zusammenfassung von Abschreibungen und Jahresüberschuß soll nach der weitgehend im Schrifttum vertretenen Auffassung verhindern, daß die Beurteilung der Ertragslage eines Unternehmens durch Bildung stiller Reserven in Form überhöhter Abschreibungen beeinträchtigt wird.

Die Cash Flow-Zahlen enthalten somit fast alle selbsterwirtschafteten Mittel eines Geschäftsjahres. Die Unterschiede in der Bilanzierungspolitik und der Reservebildung werden dadurch weitgehend ausgeglichen. Dadurch sind die Fehlerquellen hier in der Regel wesentlich geringer als bei der externen Gewinnermittlung, zumal bei der Cash Flow-Berechnung keine Trennung zwischen Normal- und Sonderabschreibungen notwendig ist.

Überhöhte Abschreibungen und entsprechend verminderter Jahresüberschuß werden im Cash Flow "berichtigt", so daß er als Indikator der Ertragskraft gelten kann. Hierbei ist jedoch zu berücksichtigen, daß die Höhe der an sich notwendigen Abschreibungen von Jahr zu Jahr und von Betrieb zu Betrieb Schwankungen ausgesetzt ist, so daß auch bei gleichbleibendem Cash Flow Unterschiede in der Höhe der gebildeten stillen Reserven vorliegen können.

Ferner führen im Anlagevermögen aufgelöste stille Reserven, sofern sie noch nicht der Besteuerung unterlegen haben, nur teilweise zu einem erhöhten Jahresüberschuß, da ceteris paribus erhöhte Ertragssteuerbelastungen anfallen. Auch werden die in Form überhöhter Instandhaltungsaufwendungen gelegten sowie die − oft noch wichtigeren − stillen Reserven im Umlaufvermögen und bei den nicht in die Cash Flow-Ermittlung einbezogenen Rückstellungen durch die Cash Flow-Analyse nicht berücksichtigt.

Man kann daher nicht sagen, daß der Cash Flow als alleiniger Wertmaßstab für die Beurteilung der Ertragsentwicklung generell aussagefähiger ist als der Jahresabschluß, zumal auch von den Abschreibungen störende Einflüsse ausgehen können. Die Cash Flow-Analyse kann die Gewinnermittlung und die Bewertung auf der Basis der erzielten Gewinne nicht ersetzen, jedoch sehr gut ergänzen.

Die Angaben im Geschäftsbericht nach § 160 Abs. 2 AktG dürften im allgemeinen im Zusammenhang mit dem Jahresüberschuß die Ertragslage besser zum Ausdruck bringen, als eine alleinige Cash Flow-Analyse. Als eine weitere wesentliche Einschränkung wird meist noch angeführt, daß auch der Cash Flow vergangenheitsorientiert ist, während die Ertragskraft eines Unternehmens letztlich von der Fähigkeit abhängt, in Zukunft Gewinne zu erwirtschaften.

11.3.8.3.4 Cash Flow als Kennziffer für Zeit- und Betriebsvergleiche

Cash Flow-Ziffern eignen sich in der Regel nur für Vergleiche mit anderen Unternehmungen der **gleichen Branche** (externer Vergleich), die annähernd eine **gleiche Kostenstruktur** besitzen.

Beispielsweise sind anlageintensive und lohnintensive Betriebe nicht vergleichbar, da im allgemeinen lohnintensive Unternehmen einen wesentlich geringeren Cash Flow aufweisen als kapitalintensive Gesellschaften.

Auch verbessert sich der Cash Flow, wenn z.b. Personalkosten durch Abschreibungen ersetzt werden, obwohl die Ertragslage dadurch nicht zwangsläufig verändert sein muß (hierbei vergleicht man also den Cash Flow einer Unternehmung von Jahr zu Jahr = Zeitvergleich).

Aber auch im internationalen Vergleich (EG) sind Cash Flow-Ziffern bei Unternehmungen einer Branche anwendbar, da sie die gesamte Ertrags- und Selbstfinanzierungskraft widerspiegeln und die unterschiedlichen Abschreibungsmöglichkeiten außer Betracht lassen.
Für derartige Vergleiche eignet sich deshalb an Stelle der Umsatzrentabilität[1] (Gewinn : Umsatz) eher die Relation zwischen Cash Flow und Umsatz.

11.3.8.3.5 Arten der Cash Flow-Ziffern

In der Regel wird der Cash Flow als **absolute Zahl** durch Heranziehung der einleitend genannten Faktoren ermittelt.
Da er jedoch ähnlich dem Gewinn in seiner absoluten Höhe wenig aussagt, wird er meist relativiert.
Als solche **relative Cash Flow-Ziffern** werden im wesentlichen verwandt:

(a)   **Cash Flow-Rendite** = $\dfrac{\text{Cash Flow x 100}}{\text{Kurswert oder Grund- oder Eigenkapital}}$

Diese Ziffer gibt an, wieviel Prozent des Kurswertes (Grundkapitals oder Eigenkapitals) der Jahresgewinn zuzüglich der nicht ausgabenwirksamen Aufwendungen beträgt.

(b)   **Umsatz-Cash Flow-Rate** = $\dfrac{\text{Cash Flow x 100}}{\text{Umsatz}}$

Diese Kennziffer gibt an, wieviel Prozent des Umsatzes zur Finanzierung und für Dividenenzahlungen zur Verfügung stehen.

[1] Vgl. dazu Punkt 11.3.6, Seite 110

(c)   **Cash Flow und Verschuldungsgrad**

Hierdurch soll die Fähigkeit des Unternehmens, seine Schulden zu
tilgen, indiziert werden.
Der sog. Verschuldungsgrad gibt also an, wie oft der Cash Flow des
letzten Jahres erzielt werden muß, um die gesamten Schulden abzu-
decken.
Mit dieser Kennzahl werden die finanziellen Verhältnisse und die
Kreditwürdigkeit bzw. der Kreditspielraum eines Unternehmens
besser offenbar als durch die traditionellen statischen Bilanzrelatio-
nen, denn Verbindlichkeiten können letztlich nur aus den selbsterwirtschafteten Mitteln getilgt werden.

Die Höhe des Verschuldungsgrades sollte weniger an der durchschnitt-
lichen Verschuldung der gesamten Industrie (1969: etwa 2,5) ge-
messen werden. Wichtiger sind die speziellen Wachstums- und Er-
tragsaussichten des jeweiligen Unternehmens.
Mit dem "Fremdkapital" ist hier das "wirtschaftliche Fremdkapital"
gemeint. Es setzt sich zusammen nur aus den Verbindlichkeiten, die
unter rein wirtschaftlichen Gesichtspunkten echte Schulden darstellen und in absehbarer Zeit fällig werden. Aus diesem Grund bleiben die langfristigen Rückstellungen sowie die Sozialverbindlich-
keiten außer Ansatz.

Beispiel: Verzinsliches langfristiges Fremdkapital   68
+ kurzfristige Rückstellungen   49
+ kurzfristige Verbindlichkeiten   120
+ Dividendensumme   11
= wirtschaftliches Fremdkapital   248
− liquide Mittel   40
− kurzfristige Forderungen   120
= Effektivverschuldung   88
: Cash Flow   40
= Verschuldungsgrad   2,2

(d)   **Cash Flow je Aktie**

Der Cash Flow wird in der Regel relativiert und auf die Anzahl der
Aktien bezogen.
Dieser Cash Flow pro Aktie gehört zu den wichtigsten Grunddaten
der Wertpapieranalyse, die in der Relation zum Börsenkurs die jeweilige Bewertung des Unternehmens zum Audruck bringen.

Ein hohes Kurs/Cash Flow-Verhältnis $\left(\dfrac{\text{Börsenkurs}}{\text{Cash Flow je Aktie}}\right)$

$$\text{deutet in Verbindung mit einem hohen Kurs/Gewinn-Verhältnis}[1] \quad \frac{\text{Börsenkurs}}{\text{Gewinn pro Aktie}}$$

grundsätzlich darauf hin, daß die Ertragskraft dieses Unternehmens von der Börse hoch bewertet wird. Stärkere Abweichungen vom gesamten Durchschnitt nach oben oder unten gelten dabei grundsätzlich als Anzeichen für eine Über- oder Unterbewertung.

[1] Kurs/Gewinn-Verhältnis (P r i c e - e a r n i n g s   r a t i o) ist die in den USA gebräuchlichste Methode zur Aktienbewertung, die besagt, das Wievielfache des Reingewinns je Aktie den Kurs einer Aktie ausmacht.
Das Kurs/Gewinn-Verhältnis eignet sich auch sehr gut für Unternehmensvergleiche, während der G e w i n n   p r o   A k t i e dafür wenig geeignet ist.

Beispiel:

	Unternehmen A	Unternehmen B
Grundkapital	100 Mill. DM	150 Mill. DM
Rücklagen	80 Mill. DM	30 Mill. DM
Eigenmittel	180 Mill. DM	180 Mill. DM
Jahresgewinn nach Steuern	45 Mill. DM	45 Mill. DM
Gewinn pro Aktie	45 Mill.	45 Mill.
	$45(\frac{45 \text{ Mill.}}{1. \text{ Mill.}})$	$30(\frac{45 \text{ Mill.}}{1,5 \text{ Mill.}})$

Die Unternehmen weisen also mit gleicher Ertragskraft und gleich hohen Eigenmitteln unterschiedliche Gewinne pro Aktie aus. Der Gewinn pro Aktie ist also für einen Unternehmensvergleich schlecht verwendbar. Er liefert jedoch den A u s g a n g s w e r t   f ü r   d a s   K u r s / G e w i n n - V e r h ä l t n i s.
Erst diese Relation rückt das schiefe Bild, das bei alleiniger Betrachtung der Gewinne je Aktie entsteht, zurecht. Denn bei zwei Unternehmungen mit gleich hohen Eigenmitteln und längerfristig gleicher Ertragskraft muß auch die Börsenbewertung gleich sein:

	Unternehmen A	Unternehmen B
Börsenkurs	675	450
Kurs/Gewinn-Verhältnis	$15 (\frac{675}{45})$	$15 (\frac{450}{30})$

121

11.3.8.3.6 "Cash Flow Statement"

Im Cash Flow Statement wird auch die **Verwendung** der durch den Cash Flow angefallenen Mittel analysiert.[1]

Beispiel:

I.   Quellen flüssiger Mittel

    1. Reingewinn, übertragen aus Gewinnvortragskonto   12
    2. Abschreibungsrückstellungen   8
    3. Rückstellungen für evtl.Warenpreissenkungen   3
    4. Nettoeinnahmen aus Liquidation von diversen Aktiven   1
    5. Zunahmen der Kreditoren und anderer Schulden   10
    6. Zunahme der Versicherungs- und Steuerreserven   1,5
    7. Aufnahme von Darlehen   13

                          48,5

II. a) Verwendung flüssiger Mittel

    1. Dividenden auf Stammaktien   5
    2. Kauf von Anlagen und Einrichtungen   13
    3. Rückzahlung von Hypothekenschulden   2   20

    b) Flüssige Mittel im Umlaufvermögen zurückbehalten

    1. Zunahme der Guthaben   9
    2. Zunahme der Vorräte   21
    3. Zunahme des Rückkaufswertes von
       Lebensversicherungen   0,5

                          30,5
    4. Zuzüglich Abnahme des Kassenbestandes   2

    Zunahme der liquiden Mittel   28,5

                          48,5

Quelle; Strobel, A., Die Liquidität, Stuttgart 1953, Seite 154

---

[1] Vgl. dazu Punkt 11.3.8.4, Seite 123

11.3.8.4 Die Kapitalflußrechnung

Kapitalflußrechnungen sind vor allem in den USA seit längerer Zeit bei den großen Unternehmen verbreitet. Meist werden sie als "Statement of Source and Application of Funds", kurz als "Funds Statement" oder als "Summary of Financial Operations" bezeichnet.
Hier benutzen Unternehmen Ausdrücke wie z.b. "Finanzierungsrechnung", "Finanzflußrechnung", "Mittelherkunft und -verwendung" oder in Anlehnung an die **Bauersche Bewegungsbilanz** (bereits vor 40 Jahren stellte Bauer seine Bewegungsbilanz auf; die Kapitalflußrechnung ist eine Weiterentwicklung dieser Bilanz) einfach "Bewegungsbilanz".

Eine einheitliche Terminologie hat sich in Literatur und Praxis noch nicht durchgesetzt, ebenso differieren Ziel, Inhalt und Form.

11.3.8.4.1 Zweck

An Hand der Kapitalflußrechnungen soll gezeigt werden, aus welchen Quellen dem Unternehmen im Berichtsjahr Finanzmittel zugeflossen sind und für welche Zwecke diese Beträge verwendet wurden.

Als Kapitalquellen werden insbesondere genannt:
Die Aufnahme neuen Eigen- und Fremdkapitals von außen, die Gegenwerte der Abschreibungen und Gewinne sowie Verminderung von Vorräten und Forderungen.

Kapitalverwendung:
Investitionen und Tilgung von Schulden.
Die Kapitalflußrechnung ist somit der dritte Teil des Jahresabschlusses, also ein zusammengefaßter Bericht über die Investitions- und Finanzierungsvorgänge (neben der Bilanz sowie der GuV-Rechnung).

Die Kapitalflußrechnung dient der Rechenschaftslegung und der Bilanzanalyse, d.h. sie ist ein Mittel der Finanzplanung.

11.3.8.4.2 Mängel der Bilanz als Gründe für Kapitalflußrechnungen

Wie bereits ausgeführt wurde, bietet die handelsrechtliche Bilanz mit der GuV-Rechnung ihren Kritikern nicht alle benötigten Informationen oder sie hält sie zumindest nicht in der benötigten Form bereit.[1]
Deshalb sind Kapitalflußrechnungen heute häufig Bestandteil der Wirtschaftsprüfungsberichte geworden.

[1] Vgl. dazu Punkt 2.5, Seite 11.

Als Hauptmängel der Bilanz lassen sich anführen:

(a)   einseitige Ausrichtung auf den Gewinn,
(b)   strittige Gewinnbegriffe und Bewertungsgrundsätze,
(c)   Fragwürdigkeit der Höhe der Abschreibungen,
(d)   Bilanzierung zu Barwerten.

Wegen der Mängel der Aussagekraft des Bilanzgewinns liegt der Gedanke nahe, den Jahresabschluß von zweifelhaften Periodisierungskriterien zu befreien und auf effektive Einnahmen und Ausgaben der Vergangenheit aufzubauen.

Das Ziel dieser Rechnung ist dann die Darstellung von Einnahme- und Ausgabeüberschüssen, die für den Bilanzkritiker einen höheren Informationswert haben als der Bilanzgewinn.

Beispiel einer Kapitalflußrechnung (wie sie die Volkswagen AG veröffentlicht) in Staffelform:

Mittelherkunft
aus

den Rücklagen zugeführtem Teil des Jahresgewinns	140
Abschreibungen auf Sachanlagen (einschl. Abgänge)	400
Abschreibungen auf Beteiligungen	10
zusätzlich in Anspruch genommenem langfristigen Fremdkapital	70
zusätzlich in Anspruch genommenem mittelfristigen Fremdkapital	20
verringerter Vorratshaltung	30
	670

Mittelverwendung
für

Investitionen in Sachanlagen	400
Investitionen in Beteiligungen	15
zusätzliche Außenstände	
mit lanfgristigem Charakter	5
mit mittel- und kurzfristigem Charakter	80
Rückführung des kurzfristigen Fremdkapitals	20
	520
Zuwachs an flüssigen Mitteln	150

11.3.8.4.3 Die prospektive Kapitalflußrechnung

Kapitalflußrechnungen für einen **vergangenen Zeitraum** müssen frei von subjektiven Erwartungen und damit frei von jeder Bewertungswillkür sein, so daß sie objektiv nachprüfbar sind.
Diese Forderung wird erfüllt, wenn die Kapitalflußrechnung nur auf Einnahmen und Ausgaben und auf Ein- und Auszahlungen der Abrechnungsperiode aufbaut (**retrospektive Kapitalflußrechnung**).
Erfüllt dieses Rechenwerk nicht voll die Informationsbedürfnisse des Kritikers, kann eine **Prognoserechnung** angeschlossen werden, die auf Erwartungen über künftige Einnahmen und Ausgaben sowie Ein- und Auszahlungen basiert (**prospektive Kapitalflußrechnung**).
Viele Unternehmungen veröffentlichen schon heute den ungefähren Betrag der für das folgende Jahr oder mehrere Jahre geplanten Investitionen, ohne einen nachteiligen Einblick der Konkurrenz zu befürchten.

Auch im neuen AktG von 1965 finden sich mit der im § 159 AktG geforderten Angabe der in den nächsten fünf Jahren voraussichtlich zu zahlenden Pensionen Ansätze zu einer Vorschaurechnung.

Mit Hilfe der prospektiven Kapitalflußrechnung lassen sich die geplanten künftigen Einnahmen und Ausgaben, Einzahlungen und Auszahlungen übersichtlich darstellen und mit ihnen die Ausschüttungen und Investitionen begründen.
Die Anteilseigner einer Unternehmung erhalten mit einem derartigen mittelfristigen Finanzplan einen guten Einblick in die Pläne der Unternehmensleitung.
Die Zahlen der Vergangenheit geben nur eine sehr unsichere Grundlage für die Bildung der Gewinnerwartung der Aktionäre, die keinen anderen Einblick in die Pläne der Unternehmensleitung haben.

Aber durch die prospektive Kapitalflußrechnung erhalten die Anteilseigner eine wertvolle Information über die künftige Breite und zeitliche Verteilung des zu erwartenden Ausschüttungsstromes und über den Verkaufspreis ihrer Anteile.
Auch die künftige Zahlungsfähigkeit ist in Kapitalflußrechnungen besser zu beurteilen als im Jahresabschluß.

Zur Kontrolle der in der prospektiven Kapitalflußrechnung enthaltenen Planzahlen für künftige Perioden sollten die Istzahlen der Berichtsperiode gegenübergestellt und größere Unterschiede erläutert werden.

Zur nachträglichen Kontrolle der Richtigkeit der Prognose müssen die Zahlen der Vorschaurechnung laufend mit den entsprechenden Istzahlen verglichen werden. Dadurch wird es ermöglicht, die Zuverlässigkeit der Prognose für künftige Perioden zu beurteilen.

11.4 Schlußbemerkung zur Bilanzanalyse und -kritik

Die von der Betriebswirtschaftslehre und der betrieblichen Praxis entwickelten Verfahren der Bilanzanalyse, zum Beispiel die Cash Flow-Rechnung oder die prospektive Kapitalflußrechnung, leisten sicher mehr als ein noch so exakt aufbereiteter und interpretierter Jahresabschluß.

Vordringliches Problem künftiger Publizitätsgespräche ist somit nicht die weitere Verfeinerung (und damit Komplizierung) der Bilanzierungs- und Bilanzbewertungsverfahren oder die Diskussion über mögliche Interpretationen von Bilanzansätzen. Die Abschlußrechnung ist durch Publizitätsinstrumente zu ergänzen, die dem jeweiligen Publizitätszweck angepaßt sind (Cash Flow-Rechnung, prospektive Kapitalflußrechnung) (v. WYSOCKI).

Kontrollfragen zu Kapitel 11

1. Welche beiden wesentlichen Zwecke werden mit der Bilanzanalyse verfolgt?

2. Äußern Sie sich in Anlehnung an LE COUTRE zu den Aufgaben der Bilanzkritik!

3. Erläutern Sie, welche drei hauptsächlichen Punkte die Bilanzkritik umfassen muß!

4. Stellen Sie die Technik der Bilanzanalyse und Bilanzkritik dar. Gehen Sie dabei ausführlich auf die bei der Auswertung vorhandenen Probleme ein!

5. Welche Maßstäbe für die Beurteilung der Kapitalstruktur empfehlen Sie?

6. Nach welchen Gesichtspunkten analysieren Sie die Vermögensstruktur einer Unternehmung?

7. Was besagt die 'Goldene Bilanzregel'? Inwieweit ist sie für eine Analyse der Investitionsdeckung geeignet?

8. Interpretieren Sie die Aussagemöglichkeiten der beiden Quotienten, welche die 'strukturelle' und 'dispositive Liquidität' einer Unternehmung anzeigen!

9. Nach welchen Gesichtspunkten wird bei der Liquiditätsanalyse aus der Bilanz vorgegangen?

10. Erläutern Sie die Technik und die Aussagekraft der Analyse des Kapitalumschlags!

11. Worin sehen Sie Schwierigkeiten bei der externen Ermittlung und Analyse des Gewinnes einer Unternehmung?

12. Schildern Sie die Möglichkeiten der Cash Flow-Analyse für die externe Bilanzanalyse!

13. Welchen Zweck erfüllt die Kapitalflußrechnung? Inwieweit ergänzt oder ersetzt sie die Bilanz?

12. EXAMENSTHEMEN

1. Inwieweit könnte nach Ihrer Ansicht der Einblick in die wirtschaftliche Lage einer Aktiengesellschaft durch die (neben dem Jahresabschluß) zusätzliche Veröffentlichung einer Kapitalflußrechnung verbessert werden? Differenzieren Sie Ihr Urteil ggf. je nach der Form der Kapitalflußrechnung!

2. Das bilanzpolitische Instrumentarium der Unternehmung.

3. In § 155 AktG werden für die Bewertung der Gegenstände des Umlaufvermögens fünf verschiedene Wertansätze angegeben. Charakterisieren Sie diese Wertansätze in ihrem Verhältnis zueinander und versuchen Sie anzugeben, inwieweit nach § 155 AktG sog. Stille Rücklagen gebildet werden können oder müssen.

4. Instrumente zur Information der Unternehmensführung.

5. Gestaltungsmöglichkeiten und Grenzen der Kennzahlenrechnung als Instrument der Unternehmensführung.

6. Erläutern Sie die möglichen Besonderheiten, die sich bei der Kapitalkonsolidierung, der Schuldenkonsolidierung und der Zwischengewinneliminierung ergeben können, wenn eine inländische Obergesellschaft in ihren aktienrechtlichen Konzernabschluß auch Tochterunternehmen mit Sitz im Ausland einbezieht! (Es ist davon auszugehen, daß die Jahresabschlüsse der Auslandsunternehmen keiner Korrekturen zur Angleichung an das deutsche Aktienrecht bzw. an die deutschen GoB bedürfen und daß die Umrechnung der ausländischen Jahresabschlüsse einheitlich zum Mittelkurs am Bilanzstichtag erfolgt).

7. Ist der 'Lohmann-Ruchti-Effekt' ein betriebswirtschaftliches Wachstumsmodell?

8. Die wichtigsten Probleme der Bilanzkonsolidierung und ihre Regelung im neuen Aktienrecht.

9. Der Einfluß der Bilanzzwecke auf die betriebswirtschaftliche Abschreibungspolitik.

10. Die Eignung der Steuerbilanz zur Beurteilung des Erfolges einer Unternehmung.

11. Die Problematik der Aktivierung von immateriellen Wirtschaftsgütern im Zusammenhang mit der Aktienrechtsreform.

12. Welche Anforderungen stellen die GoB an die Inventur?

13. Die Probleme bei der Ermittlung der Anschaffungskosten (ohne Berücksichtigung der Ermittlungsvereinfachungen der §§ 40 Abs. 4 HGB und 155 Abs. 1 AktG).

14. Die Rückstellungen im aktienrechtlichen Jahresabschluß.

15. Probleme bei der Bilanzierung der Beteiligungen und Wertpapiere des Anlagevermögens.

16. Die Bilanzierung der Forderungen in der Bilanz der Aktiengesellschaft.

17. Die Bilanz als Informationsinstrument. Beurteilen Sie ihre Aussagefähigkeit im Hinblick auf Liquidität und Ertragslage der Unternehmung!

18. Inwieweit sind Lifo-, Fifo- und ähnliche Verfahren gem. § 155 Abs. 1 Satz 3 AktG geeignet, den Ausweis von sog. Scheingewinnen zu vermeiden?

Literaturverzeichnis

Adler/Düring/Schmaltz	Rechnungslegung und Prüfung der Aktiengesellschaft, Band I, 4. Auflage, Stuttgart 1968 Band II, 4. Auflage, Stuttgart 1971 Band III, 4. Auflage, Stuttgart 1972
Albach, H.	Grundgedanken einer synthetischen Bilanztheorie, ZfB 1965, S. 21 ff.
Ascher, Th.	Die Steuerbilanz, Essen 1958
Biergans, E.	Einkommensteuer und Steuerbilanz, München 1978
Börner, D.	Grundprobleme des Rechnungswesens, in: WiSt, Nr. 4/73 und 5/73
Bühler, O./Scherpf, D.	Bilanz und Steuern, 7. Auflage, München 1972
Busse v. Colbe, W.	Der Konzernabschluß nach neuem Aktienrecht, in: AG 1966, S. 269 ff., S. 308 ff., S. 350 ff.
ders.	Kapitalflußrechnungen als Berichts- und Planungsinstrument, in: Schriften zur Unternehmensführung 6/7, Wiesbaden 1968, S. 9–28
ders.	Bilanzen, in: Allgemeine Betriebswirtschaftslehre in programmierter Form, Wiesbaden 1969
ders.	Das Rechnungswesen als Instrument der Unternehmensführung, Bielefeld 1969
Coenenberg, A.G.	Jahresabschluß und Jahresabschlußanalyse, München 1976
Egner, H.	Die Brauchbarkeit der Bilanz in ihrer derzeitigen Form und Möglichkeiten ihrer Verbesserung, in: VuB, Nr. 10/1973, S. 239–243
Engels, W.	Betriebswirtschaftliche Bewertungslehre im Licht der Entscheidungstheorie, Köln/Opladen 1962
Falk/Gail/Latsch	Die Steuerbilanz, Handels- und Ertragssteuerbilanz – Systematische Darstellung, 3. Auflage 1966
Falterbaum, H.	Buchführung und Bilanz, 5. Auflage, Düsseldorf 1971
Fischer, O.	Der Einfluß von Leasing und Factoring auf Finanzstruktur und Kosten der Unternehmung, in: Kapitaldisposition, Kapitalflußrechnung und Liquiditätspolitik, Schriften zur Unternehmensführung, Hrs. H. Jacob, Band 6/7, Wiesbaden 1968, S. 77–108

Florentz, X.	Statistik, Methodenlehre I und II, 7. Auflage, München 1977
ders.	Statistik in Frage und Antwort, 5. Auflage, München 1977
Fuchs, E./Neumann-Cosel, R. v.	Kostenrechnung, Grundlegende Einführung in programmierter Form, 2. Auflage, München 1977
Groß, A./Florentz, X.	Finanzierung, Betriebliches Rechnungswesen, 5. Auflage, München 1978
dies.	Investition, Planung und Rechnung, 5. Auflage, München 1978
Hartmann, B.	Bilanzen, Stuttgart 1973
Havermann, H.	Leasing. Eine betriebswirtschaftliche, handels- und steuerrechtliche Untersuchung, Düsseldorf 1965
Heinen, E.	Handelsbilanzen, 8. Auflage, Wiesbaden 1976
Hesse, K.	Wie beurteilt man eine Bilanz?, 11. Auflage, Frankfurt/Berlin 1968
Hofmann, R.	Bilanzkennzahlen, 3. Auflage, Köln/Opladen 1973
Institut der Wirtschaftsprüfer in Deutschland e.V.	Wirtschaftsprüfer-Handbuch 1978, Düsseldorf 1978
Käfer, K.	Kapitalflußrechnungen, Funds Statement, Liquiditätsnachweis, Bewegungsbilanz als dritte Jahresrechnung der Unternehmung, Zürich 1967
Kosiol, E.	Bilanzreform und Einheitsbilanz, 2. Auflage, Berlin/Stuttgart 1949
ders.	Pagatorische Bilanz, in: Bott, Lexikon des kaufmännischen Rechnungswesens, 2. Auflage, Band 3, Stuttgart 1956
Kropff, B.	Aktiengesetz 1965, Düsseldorf 1965
Le Coutre, W.	Zeitgemäße Bilanzierung. Die statische Bilanzauffassung und ihre praktische Anwendung, Berlin/Wien 1934
ders.	Grundzüge der Bilanzkunde. Eine totale Bilanzlehre, Teil 1, 4. Auflage, Wolfenbüttel 1949
ders.	Bilanztheorien, HdB, 3. Auflage, Stuttgart 1957
Leffson, U.	Die Grundsätze ordnungsmäßiger Buchführung, 3. Auflage, Düsseldorf 1972
Lehmann, M.R.	Die Quintessenz der Bilanztheorie, ZfB 1955, S. 537 ff.

Leunig, M.	Die Bilanzierung von Beteiligungen, Düsseldorf 1970
Mayer, M.	Bilanz- und Betriebsanalyse, Wiesbaden 1960
Möhle, H.	Bilanzieren – gestern, heute, morgen, Wiesbaden 1973
Moxter, A.	Die Grundsätze ordnungsgemäßer Bilanzierung und der Stand der Bilanztheorie, ZfbF 1966, S. 28 ff.
ders.	Die statische Bilanztheorie heute, ZfbF 1967, S. 724 ff.
ders.	Bilanzlehre, Wiesbaden 1974
Nicklisch, H.	Bilanz, HdB, 1. Band, 2. Auflage, Stuttgart 1938
ders.	Die Betriebswirtschaft, 7. Auflage, Stuttgart 1932
Rieger, W.	Einführung in die Privatwirtschaftslehre, Nürnberg 1928, Neuauflage Nürnberg 1959
ders.	Schmalenbachs dynamische Bilanz, 2. Auflage, Stuttgart/Köln 1954
Rietmann, P.	Bilanzanalyse, Standard-Formularsatz, Wiesbaden 1973
Scherpf, P.	Die aktienrechtliche Rechnungslegung und Prüfung, Köln 1967
Schlembach, H.	Die Gewinnschätzung aus den Steuern. Beiträge zur Aktienanalyse der Deutschen Vereinigung für Finanzanalyse und Anlagenberatung (DVFA), Heft 3/1965
ders.	Bewertung von Aktien, 2. Auflage, München 1969
Schmidt, F.	Die organische Tageswertbilanz, 3. Auflage, 1929, unveränderter Nachdruck Wiesbaden 1951
Schneider, D.	Investition und Finanzierung, 3. Auflage, Köln/Opladen 1974
ders.	Aktienrechtlicher Gewinn und ausschüttungsfähiger Betrag, WPg 1971, S. 607 ff.
ders.	Bilanzgewinn und ökonomische Theorie, ZfbF 1963, S. 457 ff.
ders.	Ausschüttungsfähiger Gewinn und das Minimum an Selbstfinanzierung, ZfbF 1968, S. 1 ff.
Schnettler, A.	Betriebsanalyse, 2. Auflage, Stuttgart 1960
Schult, E.	Bilanzierung und Bilanzpolitik, Freiburg 1973

Schulze, H.-H.	Zum Problem der Messung des wirtschaftlichen Handels mit Hilfe der Bilanz, Berlin 1966
Sommerfeld, H.	Eudynamische Bilanz, in: HdB, Band 1, Stuttgart 1926
Strobel, A.	Die Liquidität, Methoden ihrer Berechnung, 2. Auflage, Stuttgart 1953
Stützel, W.	Bemerkungen zur Bilanztheorie, ZfB 1967, S. 314 ff.
Walb, E.	Die Erfolgsrechnung privater und öffentlicher Betriebe, Berlin/Wien 1926
ders.	Finanzwirtschaftliche Bilanz, 3. Auflage, Wiesbaden 1966
Wöhe, G.	Bilanzierung und Bilanzpolitik, 3. Auflage, München 1973
ders.	Einführung in die Allgemeine Betriebswirtschaftslehre, 11. Auflage, Berlin/Frankfurt 1973
v. Wysocki, K.	Konzernrechnungslegung in Deutschland, Düsseldorf 1969
ders.	Die Kapitalflußrechnung als integrierter Bestandteil des aktienrechtlichen Jahresabschlusses, in: WPg 1971, S. 617–625
ders.	Die Berichterstattung deutscher Aktiengesellschaften über die Bewertungs- und Abschreibungsmethoden gemäß § 160 Abs. 2 AktG, in: ZfbF 1971, S. 308–334
Zöller, W.	Arbeitsbuch zu Handelsbilanzen, 2. Auflage, 1973

Wirtschaftsprüfer-Handbuch 1973, Düsseldorf 1973

Wöhe, G.	Bilanzierung und Bilanzpolitik, 3. Auflage, München 1973
ders.	Einführung in die Allgemeine Betriebswirtschaftslehre, 11. Auflage, Berlin/Frankfurt 1973)
v. Wysocki, K.	Konzernrechnungslegung in Deutschland, Düsseldorf 1969
ders.	Die Kapitalflußrechnung als integrierter Bestandteil des aktienrechtlichen Jahresabschlusses, in: WPg 1971, S. 617—625
ders.	Die Berichterstattung deutscher Aktiengesellschaften über die Bewertungs- und Abschreibungsmethoden gemäß § 160 Abs. 2 AktG, in: ZfbF 1971, S. 308—334
Zöller, W.	Arbeitsbuch zu Handelsbilanzen, 2. Auflage, 1973

14. STICHWORTVERZEICHNIS

**Propädeutika des wirtschaftswissen-
schaftlichen Grundstudiums**

Florentz
Statistik
Statistische Methodenlehre I u. II

Florentz
Statistik in Frage und Antwort

Kosiek
**Mathematik für Wirtschafts-
wissenschaftler I, Lehrbuch**

Kosiek
**Mathematik für Wirtschafts-
wissenschaftler II**
Übungen und Lösungen

Florentz
**Betriebliches Rechnungswesen:
Buchhaltung**
Aufgabensammlung mit Lösungen
und Erklärungen

**Basisliteratur d. VWL im wirtschafts-
wissenschaftlichen Grundstudium**

Florentz
Einführung in die Allgem. VWL

Peto
**Einführung in das volkswirtschaft-
liche Rechnungswesen**

Müller-Meerkatz
Textbook Mikroökonomik

Müller-Meerkatz
Übungsaufgaben zur Mikroökonomik

Peto
Grundlagen der Makroökonomik

Müller-Meerkatz
**Aufgabensammlung zur
Makro- und Geldtheorie**

Florentz/Kassner
Geld und Kredit
Geldtheorie, Geld und Währungs-
politik

**Basisliteratur d. BWL im wirtschafts-
wissenschaftlichen Grundstudium**

Düppen
Einführung in die Allgem. BWL

Müller
Übungsaufgaben zur Allgem. BWL I
Lernfragen und Aufgaben mit Ant-
worten und Lösungen

Müller
Übungsaufgaben zur Allgem. BWL II
Lernfragen und Aufgaben mit Ant-
worten und Lösungen

Florentz
Bilanzen
einschließlich Bilanzanalyse und
-kritik

Groß/Florentz
Finanzierung

Liese/Schlösser
Einführung in die EDV

**Literatur zum volkswirtschaft-
lichen Hauptstudium**

Bechler
Geld und Währung I
Theorie des Geldes und der Geld-
politik

Düppen/Florentz
Allgemeine Wirtschaftspolitik

Kasper
Wachstumstheorien I
Wachstumsmodelle

Kasper
Wachstumstheorien II
Entwicklungstheorien

Mansfeld
Inflationstheorie

Reding/Postlep
Finanzwissenschaft I
Objektbereich - Die öffentlichen
Ausgaben

Reding/Postlep
Finanzwissenschaft II
Die öffentlichen Einnahmen

Reding/Postlep
Finanzwissenschaft III
Der öffentliche Haushalt

Stand: März 1978
Änderungen vorbehalten

Fachbuchreihe für Studium Fortbildung Praxis

Literatur zum betriebswirtschaftlichen Hauptstudium

Fuchs/v. Neumann-Cosel
Kostenrechnung
Grundlegende Einführung in programmierter Form.

Tanski
Übungsaufgaben z. Kostenrechnung

Groß/Florentz
Investition
Planung und Rechnung

Hübner
Organisation

Kretschmer
Unternehmungsplanung

Autorenteam
Personalwirtschaft

Haberkorn
Personalpolitik

Haberkorn
Betriebliche Sozialpolitik

Haberkorn
Management
mit Entscheidungstheorie

Müller-Bader
Betriebspsychologie

Hanrieder
Franchising
Planung und Praxis

Böckler
Steuerrecht I
Allgemeiner Teil

Böckler
Steuerrecht II
Besonderes Steuerrrecht
Steuern vom Einkommen und
Vermögen

Stand: März 1978
Änderungen vorbehalten

Juristische Grundlagen des wirtschaftswissenschaftlichen Studiums

Luhmann/Milhahn
Handelsrecht I

Luhmann/Milhahn
Handelsrecht II
Gesellschaftsrecht

Töpfer
Privatrecht

Heller/Gerhardt
Öffentliches Recht
Allgemeiner Teil

Luhmann
Arbeitsrecht

Weimar
Wichtige Grundbegriffe des Bürgerlichen Rechts
in alphabetischer Anordnung

Quittnat
Der Privatrechtsfall
Eine prüfungsbezogene Einführung in juristische Arbeitstechniken

Haberkorn
Sozialversicherungsrecht
mit Nachtrag 1977

Renkl
Scheck- und Wechselrecht
mit den Grundlagen des
Wertpapierrechts

Studien- und Bewerbungshilfen

Rösner
Die Seminar- u. Diplomarbeit

Rösner
Erfolgreich studieren
Einführung in Studientechniken

Engels
Die erfolgreiche Bewerbung

Kühn
Wie bestehe ich meine Prüfung

Das preiswerte Fachbuch

WF

Verlag V. Florentz GmbH
Postfach 506
8000 München 43
Tel.: 089/371427

Bitte fordern Sie unser ausführliches Gesamtverzeichnis an. Alle Titel erhalten Sie in Ihrer Fachbuchhandlung oder direkt beim Verlag.

Wirtschaftswissenschaftliche Forschung und Entwicklung

Bisher erschienen:

Dr. Kilian Fuchs
Laufbahnplanung für Führungskräfte
239 Seiten, DM 34,40, ISBN 3-921491-40-1

Dr. Peter Müller-Bader
Konflikt und Leistung
Ein Beitrag zur Analyse der Leistungswirkung
betrieblicher Konflikte
233 Seiten, DM 29,80, ISBN 3-921491-42-8

Dr. Volker Schindel
Risikoanalyse
Darstellung und Bewertung von Risikorechnungen am Beispiel von Investitionsentscheidungen
351 Seiten, DM 44,80, ISBN 3-921491-43-6

Dr. Christian Sievi
Produktionstheorie und Organisation
Grundlagen und Modellanwendungen
247 Seiten, DM 32,80, ISBN 3-921491-44-4

Dr. Georg Obermeier
Nutzen- Kosten- Analysen zur Gestaltung computergestützter Informationssysteme
301 Seiten, DM 36,80, ISBN 3-921491-45-2

Dr. Peter Sabathil
Fluktuation von Arbeitskräften
Determinanten, Kosten und Nutzen aus betriebswirtschaftlicher Sicht
236 Seiten, DM 29,80, ISBN 3-921491-46-0

Dr. Wilfried Leven
Lehrmittel in der betrieblichen Berufsausbildung
Eine empirische Untersuchung audio-visueller Medien
320 Seiten, DM 37,60, ISBN 3-921491-47-9

Dr. Rolf Kunkel
Vertikales Marketing im Herstellerbereich
Bestimmungsfaktoren und Gestaltungselemente stufenübergreifender Marketing-Konzeptionen
321 Seiten, DM 42,80, ISBN 3-921491-48-7

Dr. Heinz Werner Utz
Umweltwandel und Unternehmungspolitik
Berücksichtigung der sozialen und ökologischen Umwelt durch Marketing Assessment
345 Seiten, DM 43,80, ISBN 3-921491-49-5

Dr. Roger Zantow
Systemorientierte Marketinganalyse der Banken
Die Systemforschung als Grundlage generell anwendbarer Analysemodelle, dargestellt am Beispiel der Bankmarketinganalyse
476 Seiten, DM 58,60, ISBN 3-921491-90-8

Dr. Georg Kellinghusen
Rückstellungsprognosen
Zur Prüfbarkeit und Objektivierbarkeit von Prognosen im aktienrechtlichen Jahresabschluß
145 Seiten, DM 24,80, ISBN 3-921491-91-6

Dr. Franz-Joseph Busse
Energiewirtschaft und Raumordnungspolitik
Möglichkeiten einer Integration energiewirtschaftspolitischer Maßnahmen in das Instrumentarium der Raumordnungspolitik
440 Seiten, DM 53,80, ISBN 3-921491-92-4

Dr. Franz Josef Götz
Kommunale Jahresrechnung
Beurteilung der neugeordneten westdeutschen kommunalen Jahresrechnung in betriebswirtschaftlicher Sicht
318 Seiten, DM 37,80, ISBN 3-921491-93-2

Dr. Ilse Jakobs-Fuchs
Planung der Personalfreisetzung
Determinanten - Instrumente - Strategien
358 Seiten, DM 44,80, ISBN 3-921491- 94-0

Dr. Christopher Pleister
Die wirtschaftspolitischen Probleme der Autonomie der Geschäftsbanken
280 Seiten, DM 35,80, ISBN 3-921491-95-9

 Verlag V. Florentz GmbH, Postfach 506, 8 München 43